中国名村志文化工程
Culture Project of Local Records of China's Famous Villages

马头溪村志

LOCAL RECORDS OF MATOUXI

湖南省张家界市永定区王家坪镇马头溪村志编纂委员会　编

方志出版社
Publishing House of Local Records

图书在版编目（CIP）数据

马头溪村志 / 湖南省张家界市永定区王家坪镇马头溪村志编纂委员会编 . -- 北京 : 方志出版社，2017.12
（中国名村志丛书）
ISBN 978-7-5144-2782-0

Ⅰ. ①马… Ⅱ. ①湖… Ⅲ. ①村史—张家界 Ⅳ. ① K296.45

中国版本图书馆 CIP 数据核字（2017）第 305564 号

·中国名村志丛书·

马头溪村志

编　　者：湖南省张家界市永定区王家坪镇马头溪村志编纂委员会
责任编辑：范　静

出 版 人：冀祥德
出 版 者：方志出版社
地址　北京市朝阳区潘家园东里 9 号（国家方志馆 4 层）
邮编　100021
网址　http://www.fzph.org
发　　行：方志出版社图书经销中心
电话　（010）67110500
经　　销：各地新华书店
排　　版：北京纺印图文设计制作有限公司
印　　刷：北京中科印刷有限公司

开　　本：787 × 1092　1/16
印　　张：17.25
字　　数：360 千字
版　　次：2017 年 12 月第 1 版　2017 年 12 月第 1 次印刷

ISBN 978-7-5144-2782-0　**定价**：138.00 元

◉序一

连绵不断地编修地方志是中国独有的优秀文化传统，承担着赓续文明、传承文化的重任。保存至今的8000余种、10万余卷历代方志，蕴含着传统文化基因和海量文化信息，既是中华优秀传统文化的重要组成部分，又是传承、彰显中华优秀传统文化的重要载体。

在各种类型的地方志编纂中，村志编纂古已有之，但从未进入国家层面的地方志编纂序列。新中国成立以来，党中央、国务院高度重视包括村志编纂在内的地方志工作，出台了重要文件。中央领导发表了重要讲话、作出了重要批示。习近平总书记高度重视包括村志编纂在内的地方志工作。2004年10月，他在担任浙江省委书记时到江山市凤林镇白沙村考察，看到村民编纂的《白沙村志》，鼓励村民把村志继续编纂下去。2014年4月，刘延东副总理在与第五次全国地方志工作会议部分会议代表座谈时指出："要结合发展的新形势，加强对地方志包括部门志、行业志、专题志、乡镇村志编纂的业务指导和服务。"2015年8月，国务院办公厅印发的《全国地方志事业发展规划纲要（2015—2020年）》，正式将中国名村志文化工程列为主要任务之一。2017年5月，中共中央办公厅、国务院办公厅印发的《国家"十三五"时期文化发展改革规划纲要》指出："完成省、市、县三级地方志书出版工作。开展旧志整理和部分有条件的镇志、村志编纂。"可以说，村志编纂迎来了历史上的最好时期。

农业、农村、农民"三农"问题，是数千年来影响中国社会发展最核心的问题。中共中央高度重视"三农"工作，从2004年起，连续13年，每年的中央1号文件都聚焦"三农"。中共十九大报告更是提出"农业农村农民问题是关系国计民生的根本性问题，必须始终把解决好'三农'问题作为全党工作重中之重"，特别是提出了"乡村振兴战略"，这是中国共产党在中国特色社会主义进入新时代后，对农村发展问题所做出的准确把握和与时俱进的战略应对，是建设中国特色社会主义强国战略的重要组成部分。改革开放近40年来，在党中央、国务院高度重视社会主义新农村建设的新形势下，各地涌现出一大批历史文化名村、经济强村、新农村建设示范（试点）村、美丽乡村和特色村，成为先进生产力和先进文化的代表。客观记录中国农村全面建成小康社会的进程，向后人展示在中国共产党领导下农村千年未有的巨变，是地方志工作者肩负的光荣而重大的历史使命。编纂中国名村志丛书，是记载当代中国农村发展变革的重要途径。

文化寻根，寻的是其发展的源头和根基。村落是中国传统文化的根基所在。农村的生产生活方式、社会规范、宗族文化、宗教文化、民风习俗、传统节日、民间艺术等，无不镌刻着中国人独特的民族性格，这就是家国情怀、文脉绵延、精神归属。在快速城镇化进程的冲击和开发性破坏下，大量传统村落面临消亡的危机，村落蕴含的历史文化信息也流失殆尽，抢救性保护刻不容缓。编纂中国名村志丛书，是保存村落历史文化信息，抢救、保护村落文化最好的方式。

一方水土养一方人。家乡的山水草木、村间小巷、乡俗民情会在每个人心头留下深刻的烙印，这就是故土情结。而村落的形成与发展离不开人的活动。编纂中国名村志丛书，通过记述村落建筑、名门望族来追溯村落的历史；通过记述村落规模、布局、人口、物产等反映人口来源、宗族兴衰、生活习惯、文化背景、宗教信仰、经济发展等，体现环境与人相互影响、相互作用、相互发展的既矛盾又统一的关系；通过记述戏剧、音乐、舞蹈、美术、文学、手工技艺等文化形式，展示百姓在长期的生产生活实践中摸索和总结出的智慧结晶，强化人们沟通感情的纽带。编纂中国名村志丛书，是传承乡俗、诉说乡音、记住乡愁、纾解乡思，激活历史传统、唤起共同文化记忆、塑造共同心灵认同的重要文化工程。

中国名村志文化工程以践行文化自信、传承中华文脉、彰显时代发展为己任，以打造全国地方志系统的重要品牌为目标，在体裁运用、篇目设置、资料选择等方面进行大量的创新，突出“名”和“特”，拣选各个名村中最值得记述、最具有代表性的人、事、物，予以浓墨重彩的描画，从而形成系列的、高质量的、可读性强、雅俗共赏的地方志读本，让地方志紧接地气、贴近百姓，让地方志成果进入寻常百姓家，让人民群众共享地方志成果，让越来越多的人从地方志中感知传统、历史和记忆，成为传统村落和传统文化的守护者，成为中华优秀文化的传承者。

是为序。

中国社会科学院院长
中国地方志指导小组组长　王伟光
2017年11月

◉序二

习近平总书记指出："让居民望得见山，看得见水，记得住乡愁。"这句富有诗意的重要论述不仅唤醒了中国人城镇化建设过程中对于人和自然关系、人和历史关系的思考，同时也引发了学界对"乡愁"进一步进行文化意义解读的兴趣。从本质上看，乡愁是一种源自主体体验的情感，隐含了一种人们带着乡愁追寻自我生存与生命意义、追寻诗意栖居的精神家园的美学思辨。同时，这种追寻自我生存的主体逐渐转向大众群体，乡愁也由传统单一的"文化乡愁""爱国情怀"演变为对于"理想家园"的精神追求。

中国有近 60 万个村庄，约有 5000 个古村落，被住房城乡建设部和国家文物局界定的传统村落就有 1561 个。随着中国城镇化步伐的加快，乡村的版图日渐凋敝，大批农村青壮年劳动力走进城镇，融入了新的生活。然而，每逢传统佳节，那种挥之不去的离愁别绪挟裹着亿万农民工，又融入了返乡的滚滚洪流。这是乡愁的情愫牵动着他们，是故乡的山、故乡的水、故乡的老屋、故乡的小吃在牵动着他们，是故乡家家户户的楹联和口口相传的故事，以及只有在隆重的传统佳节才有的古老的民风习俗在牵动着他们。

文化可以体现一个民族、一个国家、一个社会的重量与体温，这是文化的力量之所在，而村落是传统中国的根脉所系，乡土社会是最能够体现中国传统文化特征的地方。梁漱溟曾指出："中国文化是以乡村为本，以乡村为重，所以中国文化的根就是乡村。"我曾在《建设社会主义新农村的理论与实践》一书中指出，在新农村建设的过程中，必须"保护和发展有地方和民族特色的优秀传统文化，创新农村文化生活的载体和手段，满足农民群众多层次、多方面的精神文化需求"，而编纂村志尤其是实施中国名村志文化工程就是一个重要举措。实施中国名村志文化工程，编纂中国名村志丛书，以最基层的村落为研究对象，寻根传统村落的历史，梳理村落的发展脉络，以唤起人们的归属感和认同感，探索新型城镇化和社会主义新农村建设过程中，如何留住乡音、乡风、乡思，继承传统文化精华，挖掘丰富历史智慧，是贯彻落实中央城镇化工作会议精神和中共十九大提出的“乡村振兴战略”的重要举措，是当前和今后一个时期全国地方志工作者的重要工作。

虽然村落文化正在日益远离当下生活，但我们可以抓住诸如基本村情、文物胜迹、古村保护、特色文化、旅游名胜、村域经济、风土民情、村民生活、新农村建设、艺文杂记、名人与名村等关键内容，通过志书的手法来诠释乡村文化的精华。我们如实记录着村落里的人和事，以及青山绿水、小河大树、袅袅炊烟，力争以最完整、最原真的方式呈现村落的前世今生。我们要为“迷失”的人留住乡村文化的根脉，让人们难以割舍的乡愁得以慰藉和释放。

中国名村志文化工程将触角伸向那些极具代表性的村落，它们有的历史悠久、名人辈出，有的经济腾飞、重获新生，有的风景秀丽、景观独特，有的地处边陲、神秘莫测……我们挖掘中国不同类型村落的发展之路，为探索新型城镇化和社会主义新农村建设的发展经验、发展模式、前进道路提供历史智慧和现实借鉴。因此，打造以重在表现乡村嬗变为主旨的中国名村志丛书十分必要和迫切，这是一项功在当代、利在千秋的文化工程。

近年来，随着中国经济社会的发展和国际地位的提高，越来越多的人想要认识中国、了解中国、研究中国。在这样的形势下，乡村是不可或缺的一环，我们要集中讲好发生在乡村的故事，向世界呈现一个多元的、立体的中国。乡村历经岁月变迁的风雨，见证着改革开放的步伐，寄托着数代中国人的情感。发生在乡村的故事无疑是血肉丰满的、震撼人心的、引起共鸣的。我们应该有这个自信能够讲好乡村故事，讲好中国故事，描绘出中国的底色，“让每一个中国人都能在地方志中找到自己的位置”。

可喜的是，越来越多的有识之士认识到了这一点，加入到保护、传承、发展村落文化的队伍中来。仅就编纂中国名村志丛书来看，第一批的申报范围就涵盖包括香港特别行政区在内的 32 个地区，申报数量高达 70 余部。“直笔著信史，彰善引风气，为当代提供资政辅治之参考，为后世留下堪存堪鉴之记述”，这是我们的初心和使命。希望中国名村志文化工程的实施，能够带动更多的人关注中国乡村文化，为社会主义文化强国建设作出更大的贡献。也希望越来越多的名村都来融入继承中华文化传统、颂扬中华传统文化的活动中，让正能量更多地润泽温暖人们的心灵，让更多的人“记得住乡愁”！

是为序。

中国社会科学院副院长

中国地方志指导小组常务副组长　李培林

2017 年 11 月

◉中国名村志文化工程专家委员会

◉中国名村志文化工程学术委员会

◉ 湖南省张家界市永定区王家坪镇马头溪村志编纂委员会

主　　任　祝云武　朱法栋

副 主 任　程　漫　龚朝明　吴文斌

成　　员　张良程　张泽民　张怡国　杨若飞　龙志荣
李松英　石之见　周叙鹏　鲁帮福　孟艾玲
李登峰　郑明华

◉ 湖南省张家界市永定区王家坪镇马头溪村志编辑部

特邀编审　向凤毛　符长元

主　　任　吴文斌

副 主 任　孟艾玲（常务）　胡玉亮　赵朝阳　李登峰
郑明华

执行主编　张宏和

责任编辑　李炎雄

编　　辑　郑昭明　张兴才　张中岳　何中华　全耀章
李晓明　李晓峰

编　　务　全炳云　李东周　李　霞　张雪春　龚冠雄

摄影设计　姜阳春　谭琪霖

航　　拍　李　刚

村级石板路

◉ 中国名村志丛书凡例

一、以马克思列宁主义、毛泽东思想、邓小平理论、“三个代表”重要思想、科学发展观、习近平新时代中国特色社会主义思想为指导，坚持辩证唯物主义和历史唯物主义的立场、观点和方法，存真求实，全面、客观、系统记述我国村落发展变化进程和改革开放成果，传承和抢救乡土历史文化，激发爱国爱乡情怀，为探索中国特色新型城镇化建设、社会主义新农村建设的发展经验、发展模式、前进道路提供历史智慧和现实借鉴。

二、为全面反映入志事物发展脉络，各志上限尽量追溯至事物发端；下限一般断至各村志启动编修年份，个别重大事项可延至搁笔。

三、记述地域范围以下限年份的行政辖区为主。为体现名村在更大区域内的意义，可以从更开阔的区域视野记述与该村相关的内容。

四、统一采用纲目体，设类目、分目、条目三个层次。横排门类，纵述史实。除《中国名村志丛书基本篇目》要求的必设类目外，其余类目根据各村实际，依照突出时代特色、地方特色的原则自行安排。

五、综合运用述、记、志、传、图、表、录等各种体裁，以志体为主。

六、除引用文字和附录文献资料外，统一使用规范汉字及现代语体文记述体。记事坚持秉笔直书、述而不作，只记事实，不作评论，寓观点于材料之中。行文力求朴实、严谨、简洁、流畅、优美，具有较强可读性。

七、人物部类遵循“生不立传”原则，人物传主按生年排序，只选录对本村发展有重大影响的人物，不面面俱到。

八、所需数据一般采用政府统计部门数据，无政府统计部门数据时选用主管部门正式提供的数据。

九、数字用法、标点符号、计量单位分别执行国家标准《出版物上数字用法》（GB/T 15835—2011）、《标点符号用法》（GB/T 15834—2011）、《国际单位制及其应用》（GB 3100—1993）和《有关量、单位、符号的一般原则》（GB 3101—1993）。历史上使用的计量单位，如斗、石、里、尺、磅、华氏度等，在引文时可照录。考虑到社会使用习惯，全书中亩不统一换算，1 公顷＝ 15 亩。

十、自中华民国成立后的纪年，均使用公元纪年。志中所称“解放前（后）”，以当地解放日为界；“新中国成立前（后）”，以中华人民共和国成立日 1949 年 10 月 1 日为界；“改革开放前（后）”，以中共十一届三中全会召开的 1978 年 12 月为界。本志“× × 年代”，凡未加世纪者，均指 20 世纪的年代。

十一、为节省篇幅，避免重复，本志采用条目互见法。参见条目的表示形式为：参见本志“× × 类目 · × × 分目 · × × 条目”。

十二、对旧志、古籍中的繁体字、冷僻字一般用简化字或通用字替换，易引起误解的则保留。

十三、记述各个历史时期的党派、机构、职务、地名等，均以当时的名称为准。对频繁使用的名称，首次用全称，其后用简称。

十四、各村志需要单独说明的事项，均在各自编纂始末中记述。

马头溪村在中国的位置

乌鲁木齐
新疆维吾尔自治区
西藏自治区
拉萨
青海省
西宁
甘肃省
兰州
宁夏回族自治区
银川
内蒙古自治区
呼和浩特
黑龙江省
哈尔滨
吉林省
长春
辽宁省
沈阳
北京
北京市
天津市
天津
河北省
石家庄
山西省
太原
山东省
济南
陕西省
西安
河南省
郑州
江苏省
南京
上海
上海市
安徽省
合肥
湖北省
武汉
浙江省
杭州
四川省
成都
重庆市
重庆
永定区
马头溪村
湖南省
长沙
江西省
南昌
福建省
福州
贵州省
贵阳
云南省
昆明
广西壮族自治区
南宁
广东省
广州
香港
澳门
海口
海南省
海南岛
台湾省
台北
台湾岛
钓鱼岛
赤尾屿
东沙群岛
西沙群岛
永兴岛
中沙群岛
黄岩岛
南沙群岛
曾母暗沙
黄河
长江
渤海
黄海
东海
南海
图例
北京 首都
天津 省级行政中心
未定 国界
省、自治区、直辖市界
特别行政区界
名村所在县级区域
名村
1∶32 000 000
审图号：GS（2017）3697 号

马头溪村在湖南省的位置

1：3 590 000

审图号：GS（2017）3697 号

马头溪村平面示意图

至王家坪镇
N
河宝塔
猫头湾
长湾
铁匠岗
西边界
龙潭河
南
登家湾
央金岩
原马头溪村部
南武当寺
观
楚神岗
武
李四坪
杨家湾
观音堂庙
关水坪
音
风雨桥
碾坊、榨油坊
肖四坪
当
福兴坪
益家界
马头溪新村部
堂
农家乐
郑国祥故居
邱家湾
庄屋坪
风雨桥
山
山
杨家湾
周家坪
李尧故居
欧家坪
胜利坪
陈家峪
脉
脉
学堂坪
寨子码
宋家坪
百老界
两河口
两河口客栈
朱家岭
田家湾
郭家潭
至沅陵县七甲坪镇
图 例
村民小组
传统民居
风景名胜
旅游景点
村内公路
沿溪游道
溪流河道
河道桥梁
河道水坝
山脉

马头溪云海

老屋场放排

马头溪老风雨桥

火坑屋的物件

土家戏剧

◉ 目录

耕读古村寨
土家马头溪

张家界市东南边陲的大山深处，有一座土家族村寨，村内因有一条马头溪溪水自北向南穿流而过，得名马头溪村。两汉时期，土家先民在此开荒斩草，依山造田，拓荒种粮，临溪建房而栖，择水而居，筑坝灌溉，繁衍生息。民居从草木结庐到明清时期的木构小瓦、飞檐画栋的吊脚楼。明清时期，特别是清代，村民借助水道之便贩运木材，交换盐巴、布匹等村寨缺乏的物资，结束了长期与外界隔绝的历史。凭借大庸、慈利、沅陵、桃源四县交界之地的区位优势，马头溪村成为湘西北贸易古道的枢纽之地。频繁的商贸活动，过往的移民囤军，使这片土地快速崛起，加上明洪武年江西大量移民的落地，多种文化在此碰撞交融，文化经济进入有史以来的巅峰时期，时称“小南京”。时至今日，马头溪村一带留下了大量山坡梯田、古沟老渠、过河石礅，2014 年后，先后获得“中国少数民族特色村寨”“中国美丽休闲乡村”“中国宜居乡村”等多项荣誉。

马头溪溪水将整个村庄分成东、西两部分，经洞庭溪注入沅水，形成“两山夹一水”的亚热带山川地貌。境内山川壮美，林奇谷秀，森林覆盖率达 96.8%。南武当山脉的西边界和百老界古树群落，是植物王国和飞禽走兽的天堂；观音堂山脉的天然双拱自生桥，与风雨桥浑然天成，自成一景。出水洞梯级瀑布飞泻而下；鱼洞溪大峡谷与烟雨溪交汇，刚柔并济。马头溪溪水如玉带环绕马头溪村庄，顺流而下，河床平坦，两岸绿树成荫，渔业资源丰富。省级公路沿马头溪东边河岸通向沅陵。公路两旁水杉如织，形成十里水杉大道，被央视《穿行古村落》记者称赞为“中国最美的乡村公路”。每到春季，溪河两岸油菜花盛开，形成百亩油菜花长廊。

溪河两边地势平坦，有粮田千丘。因远离城市，村寨无工业，没有环境污染，水质优良。居民遵循日出而作、日落而息的生活规律。种田不打农药，耕地不施无机肥，承袭传统养殖方法，产品备受市场青睐。水碾米、木榨油、老糖干、剁辣椒、腊肉、香肠等传统食品，致富广大群众。这里民风古朴，仍然沿袭着杀年猪、推豆腐、炒炒米、打粑粑、熬猪头、炖猪脚、炕腊肉、灌香肠、贴春联等年俗，以及拦门下马、讲茶告祖、

土家吊脚楼

旗锣帐伞、花轿迎亲、闹洞房等土家婚俗。马头溪村村民热爱诗词，喜好歌舞，村里成立了 3 支土家民间艺术传承队伍，通过诗词歌舞传承民间艺术，抒发生活情怀，化解民族纠纷，增强民族团结与认同。马头溪村歌舞形式多样，来了客人唱迎客歌，结婚唱喜歌，生日唱寿歌，上坡唱山歌，放排唱放排歌、喊号子，插秧兴“糊仓”，薅草唱薅草锣鼓歌，秋收跳“扬叉舞”。

马头溪是一个历史悠久的土家族古村寨，千年的历史文化积淀，留下了丰富的村落文化遗产。有明清以来的土家吊脚楼 488 多栋，沿溪而下两里一碾坊、三里一油坊、五里有风雨桥，土家吊脚楼傍山临溪而建，与大自然和谐相处。有 200 多年历史老屋坪、两重槽门、88 间厢房的郑国祥“进士楼”，两河口“天上街市、云中古城”，太平天国时期的寨子抹、大垭湾古城堡，南武当山寺、济公庙、玉皇庙；有 300 多年建筑历史的马头溪风雨桥，湘西北贸易古道驿站；有李尧故居吊脚楼，郑国祥、李尧墓碑等文化古迹。马头溪村历有“家有钱财万贯，不如薄艺在身”的谚语。马头溪村是土家工匠之村，村民勤劳好学，技艺精湛，传统的民族工艺虽遭现代机械化的冲击，土家老人仍守住清贫，坚守技艺，有传统的瓢瓜匠姚小光、家椅匠张官学、罐匠欧胜周、木匠郑启兵、榨木匠张胜华、老糖干制作人员李根雄等能工巧匠。但这些技艺因缺少后辈传承，目前已处在濒危状态。

马头溪村历有耕读育人的良好风气，清朝康熙榜眼、《康熙字典》参与编纂者郑国祥为勉励族人题“耕读为本，益国益家”的族训；光绪进士、湖南五大才子之一的李尧创办“天香书院”，传经授道为家乡培养了一大批文化人才。中华人民共和国成立后，全村有清华、北大等全国重点大学学历 398 人，国家公职人员 286 人。为弘扬这一学风，恢复创办了国学学前教育班，加强道德礼仪和爱国爱乡爱家教育。

进入 21 世纪，马头溪村 3000 名土家儿女，大力弘扬民族文化，成立了 3 支土家民间艺术团，在乡村大舞台上传承着土家族的歌谣和舞蹈。为与现代乡村旅游接轨，村民与游客一起参与“土家杀鱼、花轿迎亲、土家年俗、土家狩猎节、原始农耕”等民俗体验活动。铿锵的锣鼓声，高亢的薅草歌在群山回荡。马头溪村借助丰厚的历史文化，良好的生态环境，全力打造张家界市土家文化核心景区，中国土家族文化旅游目的地，书写千年古村落的新传奇。

村情揽要

马头溪村是山川地貌，海拔高处900多米，低点80多米，成北南走向，气候温和、冬无严寒、夏无酷暑、日照充足、四季分明、土地肥沃、水源丰沛，是理想的宜居之地。

建置　区划

村名由来　马头溪村因马头溪水而得名。马头溪两面是山，中间是发源于罗峰山下的一大溪流，在出水洞下方的自生桥处，东面有一条源于白泥湾的山涧小溪，西边是自生桥下溶洞奔泻而下的瀑布流泉。在三水两山之间，有三座形似临溪饮水的马头山崖，从河床垂直隆起，陡峭险峻，构成三水交汇、三马饮水的独特地理景观。

历史变迁　夏商时期马头溪就有人类活动，两汉时期，土家先民在马头溪开荒斩草、拓荒种粮、择水而居、草木结庐、繁衍后代。唐代中叶人口增多，文化逐渐发展。明朝洪武年间，江西有大量人口迁入湘西地区，马头溪因优越的生存环境，成为迁徙人群定居的首选之地，一时人口大增。土家先民在此依山造田而作，顺溪筑坝灌溉，民居是木构小瓦、飞檐画栋的吊脚楼。多种文化在此碰撞交融，经济文化进入历史巅峰时期，商贾马队接踵不歇，两岸木楼鳞次栉比，歌舞升平，盛极一时，时称“小南京”。到明清时期，特别是清代的百年间，村民借助水道之便贩运木材，与外界交换盐巴、布匹等村寨缺乏的物资，打通与外界的联系，成为湘西北贸易古道的枢纽。频繁的商贸活动，过往的移民囤军，使马头溪这片土地快速崛起。

清代是马头溪耕读文化的鼎盛时期，马头溪沿岸九湾十八寨村民，在上游处修建一“品”字连环风雨桥。一时儒风教化，耕读育人，十里马头溪人文荟萃。光绪进士、湖南五大才子之一的李尧创办书院传经授道，引领九都文化一路前行。

中华人民共和国成立以后，村民仍日出而作，日落而息，过着和先祖们一样的日子。改革开放以后，村民发觉先祖们的生产生活方式不仅能过日子，还能发展旅游，于是家家户户保护吊脚楼，人人爱护一草一木。近年来，党和政府兴起旅游扶贫，村里办剧团、修游道、建客栈、造景点，发展乡村旅游，村民的日子越过越红火。沧海桑田，世事变迁，马头溪村从一个传统的农耕文化古寨转变为新时代的旅游乡村。

沿革区划 汉高祖五年（前 202）至东汉建和元年（147），马头溪村隶属辰郡（今湖南沅陵）辖，历两汉、三国、两晋、南北朝、隋建置未变。唐宋时期，马头溪有极少西南少数民族原居民从事农耕活动。明洪武、永乐年间，江西西部皇族暴乱，大量避乱民众涌入湖南，经岳阳进入湘西。清顺治年间马头溪村更名河道庄，民国初年易名马头溪，隶属沅陵辖。1949 年 10 月，马头溪村解放后，马头溪、关水坪、两河口村先后成立农会。1953 年马头溪村从沅陵县析出，改隶湘西大庸县，两河口、石堰坪、王家坪成立小乡。1956 年小乡撤销,3 乡合并成王家坪乡。1958 年王家坪、湖田垭、红土坪、双溪桥、谢家垭、沅古坪 6 乡合并，成立东风人民公社。马头溪、两河口、关水坪、紫金塔 4 大队合并，成立两河口大队。1961 年马头溪、关水坪合并改名新庄大队，1984 年撤销新庄大队改马头溪、关水坪大队。1994 年易名属张家界市永定区。2016 年 6 月，由马头溪、关水坪、两河口 3 个建制村合并，袭用马头溪村名。2017 年有马头溪、河宝塔、龙潭河、夹金岩、楚神岗、杨家湾、西边界、李四坪、铁匠岗、关水坪、肖四坪、福星坪、益家界、老屋坪、庄屋坪、两河口、周家坪、欧家坪、宋家坪、朱家岭、学堂坪、田家湾、胜利坪、百老界、陈家峪，共 25 个村民小组，9 个连片古村寨，625 个农业户，2348 人。主要有郑、全、张、欧等姓氏，其中 90% 以上是土家族人。

◉ 区位　交通

位置面积　马头溪村位于湖南省张家界市永定区王家坪镇西南部，是该镇下辖建制村。马头溪村东与紫荆塔村南武当山脉分水为界，南和沅陵县七甲坪镇两河村交界，沅古坪镇三台山村观音堂山脉分水为界，北和韭菜垭、木山、砂子垭 3 村交界。地处北纬 30° 02′ 43″，东经 111° 52′ 58.81″，区域面积 23.6 平方千米。

道路交通　马头溪是唐朝以来的盐帮古道，南下沅水洞庭，西上湖北来凤，东临常德桃源，北接慈利溪口，是湘鄂边区的交通要塞、物资集散地，历有“湘西门户，沅澧咽喉”之称。商贾马队在马头溪处自东南西北四个方向分道扬镳。1975 年 1 月修通县城至王家坪镇的过境公路，1977 年修通贯通全村的张家界至怀化的省级干线，1986 年修通两河口至紫荆塔的县级公路。2015 年修通村寨石板路，2016 年修通 12.5 千米的炒砂自行车游道。至 2017 年 7 月全村 100% 的村民小组、80% 的农户实现公路通达。现马头溪村委会所在地距张家界市城区 64 千米，距张家界荷花国际机场、长（沙）张（家界）高速收费站 48 千米，距黔张常高铁站 25 千米。

马头溪村一角

过河石墩

◉ 环境　资源

地貌土壤　马头溪地处云贵高原隆起区与洞庭湖沉降区之间。既受云贵高原隆起区影响，又受洞庭湖沉降区的牵制，加上地表水切割地貌发育形成了境内山峰林立、河谷纵横的喀斯特地貌。东面是南武当山脉，西边是观音堂山脉，北边是万亩映山红景区罗峰山脉，地势北高南低。中间马头溪溪水由北向南注入洞庭溪，属沅水水系。海拔最高处的南武当山峰为 928 米，海拔最低点的两河口田家湾为 88 米。马头溪以红壤为主，有 3 个亚类，5 个土属呈酸性，土层深厚，黏性很强，水肥不易流失，土地肥沃，作物产量高。

气候水文　马头溪村地处北半球中纬度地带，属中亚热带季风气候。境内气候温和，冬无严寒，夏无酷暑，雨量充沛，夏长冬短，四季分明。年平均气温 18.9℃，8 月最高平均气温 27℃，1 月最低平均气温 4.3℃，极端气温零下 3℃至零下 4℃。年平均无霜期 309 天，降雨量 1949.5 毫米，蒸发量 1490 ~ 1905 毫米，相对湿度 73% ~ 79%。全年风向偏北风为主，平均风速 2.2 ~ 2.7 米 / 秒，年平均日照 1670 小时，平均气压 994.9 百帕。加上山峰、河谷海拔悬殊小，气候不仅适合动物的繁衍与植物的生长，更适合旅游观光和休闲度假。马头溪流经村境 10 余千米，溪河上下有拦河水坝 10 余座，可灌溉数百亩水稻田。溪河两岸的南武当、观音堂山系植被丰富，蓄水能力强，山下终年泉水不竭。溪河之水除居民饮用外，其余多为灌溉农田之用。夹金岩、西边界多有泉水，即使大旱年景，这些山寨也无旱灾之忧。

自然灾害 马头溪村除有少量水灾、旱灾外，无特大自然灾害。居住在马头溪河两岸的土家先民，从明朝中期开始，在河道两岸用巨型或麻石方材在激流处堆砌成墙，修建挡水坝（码头）和“支水”，让洪水改变流向，河堤薄弱地段免受冲刷、溃崩。1966 年 7 月普降暴雨，大沅公路轿顶山路段山体滑坡，交通中断半月。1970 年 5 月暴雨，两河口学堂坪山体滑坡。1979 年 7 月暴雨，山洪冲走马头溪风雨桥两端三扇桥面和龙潭河水碾作坊。

1959 年 7—8 月，干旱 30 天。1972 年 5 月 30 日至 9 月 1 日，马头溪断流，池塘干涸，仅剩胜利坪全雄屋边水井和周家坪全月秀屋后水田有水，其余稻田全部龟裂开坼。2013 年 6 月下旬至 9 月初连续干旱 70 天，马头溪断流，溪河深潭积水均被抽水机电排至受旱丘块。1978 年以后实行退耕还林，提高植被蓄水保水能力。全村 15 座拦河水坝从上游引水灌溉，抽水机、电动机、水车、筒车等抗旱机具在河边引水抗旱。西边界、夹金岩等山寨，采用架设木枧、塑料水管或环山开沟引雨水灌田，多数农田亦利用山泉流水灌溉。

动物资源 有虎、豹、狐狸、黄鼠狼、狼、野猪、草原斑猫、花面狸、野山羊、黄鹿、箭猪、山鲤鱼（穿山甲）、乌梢蛇、松鼠、竹鼠、猪獾、水獭、柴狗子、猕猴等 180 多种野生动物。有野鸡、金鸡、岩壳鸡、竹鸡、秧鸡、樊鸡、锦鸡、斑鸠、画眉、白鹭、八哥、乌鸦、丫鹊、杜鹃、野鸭、麻雀、河鹰、老鹰、猫头鹰、岩燕、雪鸭、翠鸟、布谷鸟、冻河鹰等鸟类上百种。

乌梢蛇

白鹭

锦鸡

奇花异果

植物资源 主要有松树、杉树、柏树、白杨树、梓木树、樟树、椿树、枫树、稠木树、久樟树、化香树、刺心树、柳树等200多种林木，香楠、檀香树、金丝楠、银杏、红豆杉是珍稀林木。常见的中药有天麻、香仁、三七、吴芋、白薯、山姜、仙茅、麦冬、射干、黄柏、杜仲、厚朴、丹参、沙参、党参、吉根、灵芝、葛根、陈皮、金银花、何首乌、鱼腥草、银杏果、四两麻、马汀香、九灵光、山苍子、万年青、百合、山药、车前草、五倍子、桂香、红枣、枇杷叶、桑皮、阴爪风、花椒、大黄、红牛膝、白芷、七叶莲、隔山肖、夏枯球、茯苓、苍蓬、皂角刺、大通草、勾藤、血藤、木通、乌蒜、艾蒿等1200余种。有猕猴桃、荔枝、八月瓜、樱桃、板栗、红拿瓜、羊奶子、灯笼果、酸枣、木瓜子等60多种野生水果。

◉ 人口 民族

基本概况 马头溪村由3个建制村合并而成，原住村民为土家族，因通婚增加了白族、汉族、苗族等民族。1949年年底有人口1281人，1970年年底2018人，到2016年年底，全村总人口2348人，其中土家族2288人，占总人口的97.44%。主要分布在夹金岩、西边界、龙潭河、老屋场、老屋坪、宋家坪、田家湾、胜利坪、郭家湾9个寨子。

主要姓氏 有郑、欧、李、全、燕、张、王、龚等20多个姓氏，其中郑、欧、李、张、全等姓氏是马头溪原住民，族大人众。其中伍、向、罗等姓氏是1978年后因通婚或移民进入马头溪村。

土家堂屋

民族源流 马头溪村气候温和，土地肥沃，水源丰富，有得天独厚的气候条件和自然环境，是王家坪镇最早发现有人类活动的村寨。据发现的陶片器具考证，夏商时期这里就有人类活动，明朝洪武、建文、永乐年间，江西一带官兵因避乱离开江西经过湘西地区，部分定居马头溪。经百年渗透交融，与当地土著民族的风俗、习惯、宗教、信仰、文化等逐渐同化，融为一体。

◉ 经济概况

1949 年以前，马头溪村村民生活艰难，无经济收入。中华人民共和国成立后，村民生活有所好转，基本能维持生活。1978 年改革开放后，农副产品、畜牧业、林业等成为主要经济收入，生活有所改善。1990 年以后，马头溪村青年人外出务工收入成为家庭的主要经济来源，老年人在家利用原始农耕的方法自给自足进行种植和养殖，维持家庭基本生活。1991—2010 年，村级经济基本没有发展。2010 年年末经济总量 1012.75 万元，全村农民人均纯收入 2800 元，整存整取户仅 25 户，活期存款不超过 200 户，存款总额近 200 万元。2011 年开始发展乡村旅游，大量的劳力输出，加上旅

杀冻鱼

游业兴起，基本达到户户有存款，经济总量达到 1500 万元，人均年纯收入 1390 元。随着旅游业快速兴起，2016 年年末全村经济总量 1643.6 万元（其中旅游收入 965.6 万元，农业收入 478 万元，务工收入 200 万元），人均纯收入 2620 元。

务工收入 自 20 世纪 90 年代以来，马头溪村村民为改善自家的经济条件，提高村民的综合收入，大力开展劳务输出，将村寨富余劳力和有一技之长的工匠、行业能手输送到深圳、广州、上海、福建、浙江等沿海发达地区。村寨的民间艺术绘画人才、土家吊脚楼建筑人才等成为香饽饽，在重庆、湖北等地区务工人员月收入均在万元以上，顶尖工匠月薪达两万多元，务工经济成为村民的重要收入来源。

农耕收入 马头溪村属山川地貌，山坡大多植树造林，耕地少，稻田有限，上坡田地不便使用现代农具，村民们一直沿袭传统农耕习俗：使用耕牛耕田、传统种子、人畜家肥、不打农药，完全是古老的耕作方式。纯生态、无污染，品质优良，产量不高。因交通不便，村民们种粮不为赚钱，只供自家食用，或送给尊贵的客人，因此农耕收入比较低。全村农业收入 2011 年 585 万元、2012 年 568 万元、2013 年 578 万元、2014 年 492 万元、2015 年 397 万元、2016 年 478 万元。

旅游收入 马头溪村在国家旅游扶贫的大背景下，以其深厚的村寨文化，良好的生态环境，优越的区位交通，开发了 5 大文化旅游品牌、8 条村域旅游线路。村寨形成了民俗文化与生态环境交融的乡村旅游产业。现有“张家界的山水，马头溪的民俗”之称。乡村旅游快速发展，促进了村寨文化、生态环境保护和基础设施建设。村民的生活水平不断提升，年人均纯收入由 2012 年的 1690 元，提高到 2016 年的 2620 元，成为永定区旅游经济强村。

◉ 村级管理

民主选举　马头溪村自 1987 年以来，每 3 年实行一次村支两委班子民主选举，至 2017 年 4 月，共经历了 10 届。2010 年以前，由于民主选举制度不够完善，致使马头溪村的民主发扬不够充分，多次选举达不到村民理想的结果。2011 年以后，为更好地加强村级班子建设，根据德、勤、能、绩以及为村民服务的热心程度，由全体村民民主选举村、支两委班子。

村民自治　马头溪村为搞好村民自治工作，确定了村、支两委班子引导，热心人员参与，党员、干部带头，村民自己当家做主的村级管理模式。制定了马头溪村级发展规划，推动村级各项工作和活动的开展。

村支部换届选举

为加强村级文化保护，发展乡村旅游，2011 年 4 月通过了《马头溪村禁渔公约》；由群众提议，村、支两委结合本村实际，拟定《马头溪村规民约》，2012 年 7 月 18 日，召开村民代表大会讨论通过。该村规民约分为 2 大类 37 条，将保护村寨文化遗产和生态环境，倡导孝道文化、尊老爱幼村风民风等作为重点条约。2012 年 7 月 18 日村民代表大会通过《关于加强土家吊脚楼和生态环境保护的村规民约》。2017 年 5 月通过《马头溪村古村落保护村规民约》等 12 项村规民约。这些村规民约的制定，不仅是对国家法律的补充，同时也有利于村民脱贫致富，创建美好家园，受到村民的一致拥护。

附：马头溪村古村落保护村规民约

为加强马头溪村自然环境特色，历史文化风貌，历史形成的村落格局保护，经村民代表大会讨论通过，特制定马头溪村古村落保护村规民约。

一、土家吊脚楼保护。对全村土家吊脚楼造册登记，建档立卡，签订村、组、户保护责任状，挂牌保护，严禁修建砖房，杜绝折楼房建砖房。

二、对明清以来损坏的吊脚楼，修缮加固，扳爪翘角、粉檐垛脊，对原建砖房穿衣戴帽，突出土家民居建筑特色，融入村落整体风貌。

三、民俗建筑保护。境内的风雨桥、水碾坊、木榨油坊、旱碾坊、古槽门等民俗建筑和碓码、磨子、老水井等民俗设施登记造册，建立文字、图片、视频档案，责任到组、到户、到人挂牌重点保护，等级很高的申报文物部门特殊保护。

四、民间艺术保护。抢救、挖掘、整理、传承土家民歌、舞蹈、戏剧、农耕文化艺术，傩技巫术，保护民间老艺人，成立传承队伍，培养土家文化艺术人才，弘扬光大土家民间艺术。

五、土家生产生活用具保护。对传统犁、耙、水车、筒车等农耕用具、蓑衣、斗笠等雨具，筛箩簸箕，锅火碗砧，陶罐土钵，风车斗垫等生产生活用具一是使用，二是收藏陈列。

六、农耕习俗保护。传承保留土家糊仓、薅草锣鼓、土家打夯、打草上树、鸡罩捕鱼等农耕文化习俗。

七、年俗保护。传承一年一度的写春联、贴春联、杀年猪、炕腊肉、灌香肠，打粑粑、炒炒米、推豆腐、顿猪脚、熬猪头、祭祖上坟等土家年俗。

八、婚俗保护。传承订婚发八字、配鸾书、拦门下马、花轿迎亲、告祖上花、讲茶禀席、升神匾、升号匾等土家婚俗。

九、土家工匠工艺保护。开展民间工匠、工艺普查，登记造册，保护土家工匠老前辈，传承土家民间工艺，培养土家民间工匠工艺新人。

十、生态环境保护。全村范围内山上禁伐，溪河禁渔，成立森林、渔业资源保护组织，建立禁伐禁渔巡查队伍。

十一、卫生环境保护。建立环境卫生治理领导小组，成立环境卫生清扫队伍，户有垃圾桶，组有垃圾点，村有垃圾处理场，垃圾实行户集、组拖、村处理，不留盲点、死角，村容村貌卫生整洁。

十二、本村规民约经村民代表大会讨论通过，未尽事项可补充，解释权归马头溪村民委员会所有。

王家坪镇马头溪村民委员会

二〇一七年五月八日

关水坪吊脚楼

打三诳经

协会引导 为有利于马头溪村的发展，采取村、支两委引导，协会具体动作，实行群众监督的管理模式，以村民为主体，以村规民约为保障，促进旅游富民，先后成立“传统农耕协会”“山歌协会”“婚俗协会”“织绣协会”“传统加工协会”“村寨旅游协会”“吊脚楼保护协会”7个民间协会，协会成员均是行业能手、村寨拔尖人才和具有组织能力的村民代表，对村寨的发展具有重要带动作用。协会之间以互帮互助的模式开展各自工作。

群众监督 2011年，马头溪村成立由村民代表参与的民主理财和民主监督小组，重点对村级财务、重大事项进行监督。村级财务由理财小组定期清理审核，做到账物相符、日清月结、上墙公布，村级各项支出票据须经村民理财小组审核签字后，方能入账，否则由当事人自行承担责任。全村的低保户、建档立卡户评议事项，按国家标准，召开村民大会进行评议，坚持公开、公正、合理。凡不合理的关系户，由村民代表大会讨论通过责令清退。村里的征地拆迁补偿建设项目标准，一律上墙公布，重大建设项目由村支两委提请村民代表大会讨论决定，一经表决同意方可实施。民主理财和群众监督小组自成立以来，对维护村民的合法权益、推动村寨和谐发展、密切干群关系起到重要作用。

◉ 社会发展

马头溪村山多地少，土地分配到户后，农活相对减少，随着农村剩余劳动力转移政策的出台，村中青年大都到深圳、广州、福建、浙江、上海等地区务工。由于距离城市中心较远，当地村民的农副产品交易难，村中老年人只种自己的基本口粮田和自留地，过着自给自足的传统农耕生活。村民衣食生活明显好转，冬有家居避寒，夏有

郑家老屋场

新衣更换，吃的是四季瓜果和时令蔬菜。随着农村扶贫工作的深入，特别是实施精准扶贫以来，村级公路、通信网络、供电供水、医疗卫生和社会保障等方面明显好转。但农村金融体制制约农村经济的发展，重大疾病、高额的学杂费(包括来往的车费、陪读误工费、伙食费和租房等费用)及毕业生就业等民生问题仍然存在，外出务工仍然是马头溪村青年人为家庭创收的主要渠道。

村民生活 马头溪村土家人大多保存着传统的生产习俗，服饰基本汉化，年俗节庆还是穿着土家族服装。2010年前，一日三餐只图吃饱饭，来人来客才增加肉菜，“娃团望过年，客来傍客抡，平时都莫想”成了孩子们的口头禅。吃一餐蒸肉糊，焖一钵糯米饭，就叫“采牙纪”。村里发展乡村旅游后，村民生活大有改善，大部分家庭在饮食生活安排上遵循“早上吃好，中餐吃饱，晚餐吃少、荤素搭配”的营养原则。村民们长期保持着居住吊脚楼的习惯。1949年以前，全村有四合井的转角楼房8栋，双手推车型的吊脚楼105栋，“7”字头型的吊脚楼88栋，一字型的吊脚楼164栋，没有砖混结构的房屋。“文化大革命”期间，全村四合井的吊脚楼全部被毁，仅存双手推车的吊脚楼 47 栋，“7”字头的吊脚楼 47 栋，木板房 230 栋。随着生活水平的提高，新建砖瓦房 87 栋，居住条件大为改观，出行也更加便利，到 2017 年 8 月底，全村已有 2 条公路，2 条沿溪石板路，每 1.5 千米就有公路桥或风雨桥。

网络通信 2012 年前，村里只开通固定电话，座机用户 118 户，引进移动通信企业，建移动机站 1 处，无线网络覆盖部分村民小组，手机用户 89 个。2013 年引进联通通信企业，新建寨子抹、西边界通信基站，无线通信网络无缝覆盖。至 2016 年年末，全村有手机用户 828 户，座机用户 238 户，宽带入户率为 52.8%。不仅如此，村民还利用网络搭建了电子商务平台。杨家湾小组大学生龚安平放弃外企高薪，返乡养殖土鸡，网上销售鸡蛋、土鸡供不应求，带动当地农户网上销售腊肉、香肠、水碾米、木榨油等，使马头溪村农副特产销售全国各地。

供电供水 1968 年，马头溪村龙潭河、两河口水电站开始发电。1980 年两电坝因水源不足停电。1995 年接沅古坪飞潭水电站的电源，供村民日常照明。1995 年实行农网改造，由永定区小水电公司提供电力保障，拉高压电缆线 12 千米，老屋坪栎茏嘴、龙潭河、两河口桥头分别安装变压器。村民照明、日常用电、生产用电基本有保障。2016 年镇政府统筹安排，将丹子洞的泉水引到马头溪，主管道铺设在原马头溪村部，2017 年 8 月底完成了溪河两边农户的引水装置和配送。除西边界、夹金岩、楚神岗等部分村民自备饮水设施，用天然泉水进行饮用洗漱外，其余村民均饮用上了无污染的林间矿泉水。

医疗卫生 1949 年前，马头溪村只有李占魁、张福兴和欧开修 3 家私人药铺，全怀邦、全九炳、龚子章、全成松 4 个中医。1957 年成立联合诊所，全成松为诊所第一任医生，全大队设 1 个中药铺。1959 年成立卫生所，由龚子章任所长，全成松、张南平为医生，每个生产队配备保健员 1 名，由大队卫生所负责培训。1972 年成立合作医疗，每个大队成立合作医疗室，缺医少药的现象大为改善。20 世纪 90 年代，村里的赤脚医生全浓娥开办了中西医结合治疗医馆，对儿科、妇科等疾病的诊治很拿手。2012 年成立村卫生室，由 1 名返乡医专学生担任卫生员，配备 3 名民间中草药土郎中，种植中草药，挖掘民间验方，采取中、西药相结合的治疗方式 ，惠及广大村民，做到小病不出村，方便群众就近就医。

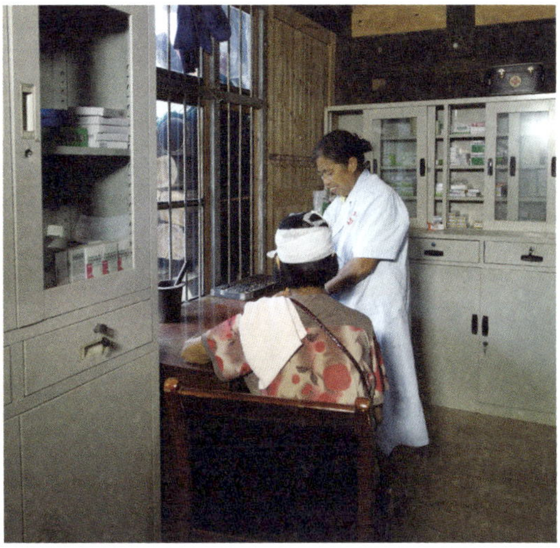

合作医疗

劳动保障 2011 年以前，马头溪村劳动保障不突出。2012—2016 年，在永定区就业局的支持下，先后举办了土家吊脚楼建筑工艺培训班，培训土家吊脚楼设计、修建、漆画、泥塑人才 58 人；土家民画人才培训班，培训学员 198 人次；土家舞蹈培训班，培训学员 219 人次；土家戏剧培训班，培训学员 63 人次；土家器乐培训班，培训学员 102 人次；土家织锦培训班，培训学员 146 人次。村民们通过这些培训，掌握一技之长，实现顺利就业。2016 年年底，全村新农合参保人口 2348 人，参保率 100%，养老保险参保率人口 1458 人，参保率 100%。

2013—2016 年马头溪村居民生活水平统计表

表 1

内容	2013 年	2014 年	2015 年	2016 年
人均收入（元）	3580	4285	6188	8980
人均家用车（辆）	0.1	0.18	0.4	0.6
人均住房面积（平方米）	42.3	43	45.5	49.5
农户家电普及率（%）	61.8	71.2	87.8	100
公路入户率（%）	68.9	76.8	86.9	96.8
供水入户率（%）	54.3	67.8	87.5	92.8
宽带入户率（%）	—	—	53.2	72.3
手机人均（台）	0.3	0.5	0.65	0.8
农业机械使用率（%）	38	47.8	66.3	78.9

续表 1

内容	2013 年	2014 年	2015 年	2016 年
传统作坊使用率（%）	48.9	57.3	63.8	81.8
居住吊脚楼人口率（%）	89	90	92	92.8
最低生活保障率（%）	78.5	90	91.5	100
医疗救助率（%）	85	92	97	100
社会救助率（%）	90	92	98	100
临时救助率（%）	92	97	98	100
参与新农合人口率（%）	89	92	98	100
参与养老保险金人口率（%）	88	92	99	100
九年义务教育普及率（%）	100	100	100	100

美丽乡村

马头溪村寨吊脚楼星星点点散落在南武当和观音堂两山之间的溪水之畔。沿溪三里一风雨桥，两里一过河石墩，村民忙碌于溪边田间，形成人与自然和谐统一，构成山水人文的完美画卷。春季千山一碧，春意勃发，生机盎然；夏季溪水叮咚，游鱼如织，十里水杉大道形同绿色迎宾拱门。这里山青水绿，空气清新，水质优良，渔业资源丰富，不仅是省级生态村、国家级中华大鲵生态保护区，也是“中国最美休闲乡村”“中国美丽宜居村庄”。

◉ 山水

观音堂山脉的马头溪天然双拱自生桥，风景秀美，一股清泉自桥下溶洞流出，组成大小不一的梯级清潭，形成山涧小溪，将吊脚楼群从中间隔开，汇入马头溪，与风雨桥浑然一体，成为一道绝美的景观。出水洞梯级瀑布飞泻而下，冲击而成的雾珠如仙女散花。鱼洞溪大峡谷，河床平坦，地势渐开，与烟雨溪交汇。马头溪水如玉带环绕马头溪村庄，两岸绿树成荫，河滩奇异、溪水碧绿。

青山护驾

马头溪村位于一字排列形似马头的南武当和观音堂两山之间，马头溪溪水自北向南穿过村庄而去，将整个村庄分成东西两岸，两座大山形似两个屏障将马头溪村庄稳稳地护住，形成了独特的地形地貌和优美的山水风光。

南武当山脉　位于马头溪村的东边，是马头山群峰中最短的山脉，全长20多里，平均海拔500米，最高海拔800多米。20世纪60年代以前，山上有城堡四处，南武当庙一座，为方便来往上山行人，在峭峰岩壁上人工凿成脚掌宽的通天之路——牢眼。由于当年的“破四旧”运动，将城堡、庙宇毁坏，山上再无人迹，加之山地气候湿润，阳光充沛，林中野生葛根、猕猴桃、八月瓜、木瓜（当地人称“争春第一花”）等植被生长茂盛，成为茂密的原始次森林。山上有西边界和百老界古树群落。北面与罗峰山、杨柳池等名山相连相望。

观音堂山脉 位于马头溪村的西边，发源于罗峰山发脉，山峰连绵不断，海拔500多米，在马头溪境内，呈北高南低，北南走势，从马头溪村的夹金岩至七甲坪乡的熊家塔山脉，全长10多千米。山上有马头溪自重桥，山顶有土家村寨，山顶公路，油茶基地和野生瓜果，山中森林植被丰富，有原始次生林群落。观音堂原称猴子坡，是猴子出没的地方。明末清初，山中有一观音寺，据说由郑国祥的爷爷出巨资修建。有主持名曰无尘师太和十多名尼姑居住寺中，寺内设禅房、签房。郑之仁道士赠一神像置于寺中，此像由樟树雕成的，意为观音送子。观音寺在民国初期修缮过一次，荒废于“文化大革命”中。马头溪村的人们为了纪念郑国祥的爷爷和郑之仁道士，将猴子坡改为观音堂。

航拍马头溪

溪边吊脚楼

溪水环绕

马头溪村内有马头溪和葫芦溪两条溪水，弯弯曲曲环绕村中 23 个村民小组，其中马头溪环绕 21 个村民小组，形成 999 道弯，经土家吊脚楼门前穿过，一路向南将整个村庄划成东西两部分，形成美妙的山水画卷。两溪在两河口处汇合，流入洞庭溪。

人文葫芦溪 葫芦溪发源于砂子垭村，流经紫荆塔村，在两河口与马头溪汇合流入洞庭溪。葫芦溪水道源头较狭窄，尾端宽畅，在龚家湾处绕了一“之”字湾，状如葫芦，得名葫芦溪。溪流 15 千米，枯水期流量 2002 立方米 / 秒。幢幢古朴的土家吊脚楼傍山临溪而建，气势壮观。溪河两边土家特色文化底蕴丰富，有明代的郭家湾土家风雨桥，唐代的落水洞、龚家湾石拱桥，东边山上有明代的南武当香炉山古庙，沿溪有水碾坊、木榨油坊。葫芦溪人文荟萃，有清代湖南五大才子之一的李尧，民国土家礼俗达人李远喜，文化名人全成松、李尧峰、张耀风等。此外，湘西北儿科名医龚启琼、龚子成，土家文化传承人李炎雄、燕宜勇等人物也均出于葫芦溪。

风情马头溪　马头溪发源于罗峰山脉，经过高山峡谷形成一大溪流，在出水洞下方，马头溪风雨桥的东面有一条源于白泥湾的山涧小溪，西边有一条从自生桥下的溶洞奔泻而下的瀑布流泉。在三水两山之间，有三座形似临溪饮水的马头山崖，从河床垂直隆起，陡峭险峻，构成三水交汇、三马饮水的独特地理景观，因而得名马头溪。马头溪是沅水源头之一，曲折环绕，溪水流经马头溪村，全长 10 多千米，自北向南在两河口处与葫芦溪交汇，经沅陵县七甲坪镇注入洞庭溪。东边是南武当山脉，西边是观音堂山脉，水道河床平坦，溪流婉约，分别在欧家湾、老屋坪处绕了两个"之"字连环大弯。马头溪中游是关水坪，村落不大，溪水也不长，流至此地，因溪河水道较宽，当地人又叫"大溪"。马头溪下游是两河口村寨，溪水在此处与葫芦溪交汇合流，一路山环水绕，奔向洞庭。溪水停在山弯里，形成一个见底的碧潭，临水的花影柳影倒映水中，宛如梦境。马头溪溪水蜿蜒曲折，与村庄相映成趣，成为马头溪村如诗如画的美景。

春天马头溪

出水洞瀑布

自生桥瀑布

瀑布峡谷

马头溪村溪流峡谷众多，颇具特色，例如山涧瀑布、洞中飞瀑、河坝流瀑，最为壮观的则属出水洞瀑布和两河口河坝瀑布。

出水洞瀑布 出水洞位于马头溪公路桥上游两百米处，是由烟雨溪溪水穿过几座大山流出水洞形成，水量较大，落差在 50 米左右，两面悬崖峭壁，瀑布挂在陡壁上，形同白练。上方洞口呈椭圆形，高 5 丈，宽 3 丈左右，终年雾气腾腾，下方深潭长 600 多米，宽 30 多米。瀑布流水下潭，顺岩槽就山涧，或缓或陡，随势而下，溅起的水花一朵朵飞舞在岩坎上，再落下来，散落潭中，在潭中荡开碧波。

河坝瀑布 马头溪村境内建有 15 座水坝，水落坝处，自然形成 15 处不尽相同的瀑布。瀑布高都在一丈以下，宽处数十丈，窄处几丈不等。这些瀑布在不同水量和日光照射下变换形状和颜色，遇山洪暴发，水量加大，瀑布由清水时的清亮白色突变成黄褐色，溪水飞流直下，瀑布增宽增厚，如同一道道黄练直垂下来；有时，溪涧岩坎坡度不太大，瀑布变得缓慢柔和。

马头溪大峡谷 马头溪源头的鱼洞溪是一条大峡谷，与烟雨溪交汇，河床平坦，地势渐开，海拔最高点900米，最低点300多米，溪水流径20千米，形成一个狭长的溪河峡谷。峡谷两边是几十丈高的悬崖峭壁，壁上有少数树木，青藤爬壁，与对面的树枝相连，再垂挂下来，悠悠荡荡。马头溪大峡谷中有丹寺洞（风火洞）、谢家洞2个溶洞，风湘潭、柳树潭、铁森潭3个大潭。其中，风湘潭最大，呈圆形，3亩多面积，周围古木参天，不见天日，潭水清亮见底；铁森潭最长，幽谷流泉，声韵脆亮；柳树潭最窄，宽处不足丈，窄处不过米，岩壁高十多丈。一里多长的峡谷潭，人称“一线天”，两壁树木枝叶相连，形似绿色拱桥，唯有晴朗天气，中午时候才有微弱的阳光落下谷底，两岸有各种各样的水草，青石板上长满了青苔，湿润光滑，流水清澈，山上有五步蛇、果子狸、穿山甲、麂子、芭茅鼠等野生动物。峡谷无人居住，泉水悠悠，浅水深潭，娃娃鱼、甲鱼、石斑鱼、小虾、螃蟹等天然水产不计其数。

◉ 森林

马头溪村自然景观优美，主要有分布在青土峪、观音堂、南武当等原始次森林中的马头溪自生桥和西边界古树群落、百老界古树群落等。

马头溪自生桥　马头溪自生桥位于观音堂山脉之上，经马头溪古道驿站，与马头溪“品”字老风雨桥相连。沿古道西上，沿路上坡至半山腰右侧处有一深涧，跨涧有两座自生石桥，绿树映涧，芳草铺桥。从上数第一座桥的上侧，有一条1米宽的极陡小道，直达涧底，桥高45米、跨度30米、厚3米左右。桥的上方，如刀斧破开的一道不足1米的石峡，有影影绰绰的亮光落下来，映着里边的一处山涧。涧上方的一处洞顶有数十个半圆形的石乳，顶的正中有一石钟乳，极像一朵盛开的白莲花。莲花的右侧，有一朵形似含苞待放的百合花蕾，其长过米，线条清晰，水桶粗细，色彩明亮，有小水滴不时地从花瓣上滴落下来。洞中幽谷流泉打磨

自生鸳鸯桥

西边界古树

挂牌保护

着石板岩槽，水流之处，留下不尽相同的光晕。第二座桥高于第一座，高 50 米，宽 40 米，厚 4 米，两桥相距 80 米左右。桥身均为青石岩，没有丝毫缝隙。两桥的拱弯极其一致，弧度柔和优美，桥上挂满青藤，桥下岸边的小草，随水波轻轻摇曳，一层薄薄儿的水雾在幽谷里回旋上升。每逢午时，阳光从树叶的间隙筛落下来，那桥、那谷才会明亮起来。幽谷的水悠悠流淌，5 处短瀑形成 5 个小碧潭，潭中游鱼可数。

西边界古树群落 西边界古树群落位于南武当山脉西侧的半山坡上，背靠沙子垭、紫金塔，与南武当山峰相依相连。西边界古树群落中，有梓树、香楠、椆树等名贵品种，也有松、杉、椿、枫等常规树种，种类不下 300 多种，大部分树干上都挂有区、镇、村的保护牌。西边界两个生产小组，30 多户人家，居住的都是土家吊脚楼，家家户户房前屋后都有成片的原始次森林。林中古树成群，与坡上的月亮田和吊脚楼融为一体。西边界拥有得天独厚的地理环境，当地居民亲自然、爱树木，无以计数的大树得以保存下来，有生长了 200 多年，两人方能合抱的银杏，树干高达数十米，树冠覆盖一亩多地；也有三人合抱 400 多年的黄莲香、白椆、青叶木、麻栗、红枫等名贵树种。西边界属丘陵地带，土地肥沃，气候温和，水量充足，适合各种植物生长，年经数百年的古树，仍然青翠欲滴，不见老态。相当一部分古树长有寄生枝，将一种树种的树枝寄生在另一种树的树枝上，开枝散叶，长势旺盛，实属罕见。树上的寄生植物不计其数，最为常见的就是野生木耳。每当春天来临，树枝或树藤上的木耳一排排、一朵朵，惹人喜爱。古树脚下，树叶积厚，软绵绵的，树叶下是一层黑黑的泥土。

百老界古树群　百老界古树群位于杨柳池山峰的余脉，马头溪村的南端，与沅陵县七甲坪镇接壤。百老界有几万亩山地面积，里面古树成群，区、镇挂牌保护的古木有10多种，三人合抱、两人牵手合围的大树有几百棵。20世纪，这里曾居住了两个生产小组，现只有一户人家。这里日照、水分充足，土地肥沃，古树多具数百年的树龄，依然生长旺盛。树种丰富繁多。板栗、猕猴桃、八月瓜随处可见，樱桃、荔枝伸手可摘，飞禽走兽、珍贵药材、自生木瓜、各类食用菌、山珍野果等应有尽有。银杏、红豆杉、桂香、香楠、丹桂等珍贵树种达数百种。如今，这里不仅是各类植物的王国，飞禽走兽的天堂，也是马头溪村自然环保基地。

◉ 田园

腊水田　腊水田，是马头溪土家人的一种传统农耕方式，是祖辈传下来的耕作习

春到马头溪

俗。村民在秋季收割结束后，选择水源充足的稻田，将稻田犁成水田，蓄水越冬叫腊水田，适宜养鸭、养鱼，养殖泥鳅、黄鳝等。腊水田可防止冬旱，因而村寨人将这一农耕方式传承千年，逐渐形成一道农耕景观。山坡河川上的腊水田，随着气象的变化，出现不同风景。清晨朝阳冉冉升起，折射出火红的光辉，河川山野一片泛红，树木山川倒影水中；夕阳西下，余晖洒在腊水田中，波光潋滟，如诗如画。

油菜花　马头溪溪河两岸，地势开阔平坦，海拔低，气候温暖，土地肥沃，适合油菜生长。千百年来，马头溪村村民养成了种油菜的习惯。每到秋季稻谷收割以后，村民们便将稻田重新翻耕，整理成一排排的土垄，用传统方法移栽油菜苗，每家每户种上 8 ~ 10 亩，肥料来自猪、牛粪等家肥。次年春天，溪河两岸 10 多千米、近千亩的油菜花盛开，连成一片，形成一条金黄色长廊。碧绿的溪水与油菜花、土家楼阁、桃花李花相互交错，山野田间、乡间小道和吊脚楼边，到处都是油菜花香。

绿色农田　马头溪村溪河两岸稻田与森林之间，有一片干旱的坡地，勤劳的土家人，为了不使土地荒芜，便在春季种上花生、黄豆、绿豆，或栽番薯。每到夏天，这些作物藤叶碧绿，远远望去，就像铺盖着两条密密麻麻的绿色地毯，蜿蜒曲折，从马头溪的上游到田家湾，绵延数十里，上与森林相连，下与稻浪对接，形成金黄与翠绿。溪河两岸的树影、竹影如同天然篱笆。夕阳西下，一栋栋吊脚楼立在地毯一角，楼中主人打理着旁边的草草木木，使田原风光更具诗情画意。

金色稻浪　马头溪村山地多稻田少，村民们十分珍惜土地。溪河两岸有良田千亩，田地平坦而肥沃，适宜水稻种植，每到春天，溪河两边有水源的稻田都种上水稻。秋天丰收时，成片的稻谷透着金黄，铺在一望无际的河川上，溪流和石板路将其勾勒出不同形状，在太阳的映照下，发光生辉。

◉ 道路

马头溪村道路因溪水、山势、布局而美丽。东、西两边山坡有公路盘旋，溪河两边各有一条公路顺溪而下，河岸稻田、村寨之间有石板路相连，溪河景点有游道，如此形成了纵横交错、四通八达的交通网络。

村寨石板路　马头溪村村寨石板路是在原贸易古道基础上重修的，沿溪堤岸的田埂铺设，从马头溪组至田家湾组全长 23.5 千米，宽 1.5 米。石板路于 2016 年冬开工，2017

年秋竣工。整条路由水泥沙石垫底，青石岩板铺面，边沿以黑白两色鹅卵石镶边，水泥砂浆勾缝。为方便游客及当地群众行走，在溪河对岸增加了一条路面，形成了溪河两岸的两条石板路。游客可通过石板路进入河对岸的平行公路，石板路沿途穿越诸多竹林和柳林；与溪边沟坎纵横交错。居民集中的地方，有游道可进出村寨。马头溪村村寨石板路是生态旅游者不可错过的风景带。

古道老柳

十里水杉大道 十里水杉大道是一条贯穿马头溪村、南接沅陵县七甲坪、北连张家界到桃源公路的水泥车道。公路车道建于 20 世纪 80 年代，马头溪村村民在大道建成时沿路两旁栽种了整齐的落叶水杉树。30 多年后，水杉树成林，从马头溪“品”字风雨桥至

十里水杉大道

两河口道路两侧，绵延十里，“十里水杉大道”因此而得名。大道上的水杉，每棵都是笔直的，密密麻麻的树枝从不下垂。树有抱围粗细，数十丈高，一米间距，排列整齐。

东西线骑行大道 东西线骑行大道以马头溪河流为界，河流以东为东线，河流以西为西线。东线始建于 1990 年，原名大五公路（大庸—五强溪电站），路基宽 7 米，水泥路面宽 6 米，南北通向，坡度全线在 5% 之内，路直、弯度在 50 米的范围内，道路两边有近 30 年的水杉绿化带，每隔 20 米有太阳能路灯。西线建于 2016 年，2017 年年末竣工，是柏油路，坡度在 3% 之内，弯度在 100 米内，沿路遍植四季果瓜，靠山部分有石榴、杨梅、樱桃等花果园，每隔 10 米有太阳能路灯，是村内公路的主干线。东西线全长 12.1 千米，恰好围绕形成一个马拉松比赛环形圈，是单车、摩托车等赛事的极佳场地，可以承担不同规模、不同类型的赛事。公路沿岸有民俗宾馆、休闲农庄、度假村寨、古道客栈，为方便游客游览景区景点，两岸有石拱桥、平板公路桥、铁索桥和风雨桥等相连相接，四通八达。

西边界盘山公路 马头溪村的西边界组，位于村的西部、海拔 500 米的高山界上。纯朴的西边界人，尝尽了肩挑背负的疾苦。乘精准扶贫的东风，在修路资金只有 5 万元的情况下，男女老少一齐动手挖山不止，用 2 年多时间挖通了长达 12 千米的山路毛坯。大学生张国平连续三个假期回到家中帮忙挖山，现公路全部硬化，全组 23 个屋场，42 户人家，户户通公路。西边界的公路蜿蜒盘旋达 30 多处，最险处成 50 度的角，普通驾驶员很难开上去，技术好的司机也要聚精会神。驾驶员开车上坡几乎看不到路面，全凭

宋家坪

马头溪绿色大道

个人对路的感觉，特别是危险的地方必须走下车来确定路线才能行驶，因此被当地人称为“云雾缭绕的盘山公路”。

夹金岩上山公路　夹金岩是马头溪村的山界村寨，海拔 800 多米，山高坡陡，地广人稀。山界居户居住分散，农副产品、生产生活资料历来靠背上挑下，因而有夹金岩“驼背”多的戏称。2014 年在永定区纪委的帮助下，开始修建通往山顶的公路，每户村民出资 7000 元。历时 3 年，修通有 22 道湾、24 个山岗、32 千米的山顶公路，使山寨居民世世代代肩挑背负成为历史。夹金岩有一段近 3 千米的公路，由山顶的土路改成，巨蟒般伏在山顶的树林之中。

南武当山之路

南武当四面悬崖峭壁，有三条很特别的路可以上山。

山脊之路 山脊之路是上南武当山的第一条路。从西边界出发，沿着不足1米宽的山脊，山脊最窄处不盈尺，如刀切一样直下垂数丈，起伏曲折，极像一堵人为的城墙，当地人称之为城墙路。因两侧有如马鬃的落叶乔木，南武当又称“马头山”，路又窄得像马颈，也被人称“马颈路”。城墙路的尽头有一处石板砌成的石径，十分陡峭，两边悬崖，连着绝壁。悬崖右上方百十米的羊肠小道，直通南武当古寺，小道中有一处长4米、宽2米的大岩壳，岩壳低矮处撑满了筷子粗细的小木棍，当地村民认为，在此处插木棍，可减轻自身腰痛。

壕坑之路 从紫金塔的壕坑里，沿坡直上，尽头处有一绝壁，有当年人们为上南武当烧香拜佛砌就的宽不足一尺的石板路。路的顶端是一个大垭，垭的右边有一处百米高的缓坡，直到南武当古寺。

“牢眼”之路 是上南武当山的第三条路。从马头溪的关水坪沿坡直上，山半处要钻一处10多米的“牢眼”（一个侧身而过的山洞），出“牢眼”后，直达半山腰的“佛心台”。这一段道路崎岖险峻，仅有999级极陡的石台阶到山顶古寺。

◉ 桥梁

李四坪钢索桥 位于马头溪村李四坪组，2016年10月动工，2017年7月完工。桥

李四坪钢索桥

益家界钢索吊桥

梁两岸用钢筋水泥固定基脚拉柱，底钢索 5 根，扶手 2 根，将 7 根钢索拉成弧形横牵对岸。桥面用木板铺成，厚度 10 厘米，用螺干螺帽扭紧，钢索扶手延网套栏杆固防安全，工艺完美。钢索横牵两岸，桥长 26 米，宽 3.8 米，高 7 米，两岸台阶各 3 步引上索桥。此桥连接西岸的李四坪吊脚楼群和东岸的新庄坪吊脚楼群。李四坪钢索桥是通往东岸马头溪休闲度假村、张氏古宅的主要游道。

益家界钢索吊桥 位于益家界组，2016 年 10 月动工，2017 年 1 月竣工。桥梁东西岸用钢筋水泥稳固基脚拉柱，底钢筋 5 根加扶手 2 根，拉成弧形，牢牢固定两岸砥柱，桥面用板子铺成，板子与钢索两个物体用螺丝拧紧固定，厚度 10 厘米。钢索扶手延网套栏杆固防安全，大方美观，钢索桥长 60 米，宽 2.6 米，高 6 米，两岸台阶各 12 步引上索桥。该桥联通两岸的 500 亩杨梅采摘园地，东岸的土家吊脚楼群、古道客栈、休闲农庄，西岸郑国祥故居、李四坪吊脚楼群等，成为游客通行于境内参观的便捷大道。

两河口石拱桥 两河口石拱桥位于两河口上游 300 米处，朱家岭组中心。始建于 1985 年，全长 22 米，桥宽 3 米，桥高 8 米，钢筋水泥结构，有一个大拱，拱的两头由水泥柱子支撑，桥面是整体钢筋水泥板，整座桥看上去轻巧玲珑，与桥连接的是游道公路，5 吨以下载重车辆可以通行。

航拍河宝塔公路桥

两河口公路桥 两河口的公路桥坐落于马头溪村两河口组葫芦溪流的出口处。此桥是用本地的红岩为主体结构的石拱桥，桥长 40 米、宽 7 米、高 10 米，始建于 1989 年，是大五（大庸—五强溪）公路中的桥梁之一。此桥既是交通要道，也是人们歇息、聊天、观景之台。

河宝塔过河桥 始建于 2014 年，2015 年竣工，桥长 35 米、宽 7 米、高 9 米，桥扶栏高 0.6 米，由钢筋水泥构成，既是公路通道，又是人畜通道。

河宝塔公路桥 又名马头溪公路桥，始建于 2016 年 8 月，竣工于 2017 年 3 月，桥长 34 米、高 7 米、宽 9 米，中间一个桥柱，大理石桥栏，西高东低，是马头溪西线贯通桥梁。

欧家坪公路桥 欧家坪组公路桥建于 2016 年 12 月，2017 年竣工，桥梁用钢筋水泥做成，中间一个水泥砥柱垛子，钢梁对接两岸。全桥用水泥和相交板结合起来，铺成路基。两边设高 0.6 米的安全护栏墙。桥长 40 米、宽 7 米、高 10 米，两边引桥长 50 米，横架欧家坪两岸，连通西岸自行车、摩托车赛道和旅游景点。此桥建成后给两岸百姓的生产生活带来了极大的便捷。

青山嘴公路桥 青山嘴公路桥始建于 1989 年，桥长 32 米、宽 4.5 米，是当时全村较大的跨河石拱桥。由于当时的条件有限，整座桥的桥墩、桥身、护栏完全用石块构成。石拱桥建成后，不仅解决了人畜通行的难题，也解决了5吨以下载重车辆的通行问题，大大方便了两岸人民的生产和生活。随着社会发展的需要，此桥于2017年重修，重修后的石拱桥已改成钢筋水泥结构的桥梁，桥长37米、宽7米、高8米，引桥长47米，2根桥柱，排水孔3个，涨水后排水沟1条。

香约坪公路桥 香约坪公路桥，建于2016年，桥梁用水泥钢筋结构，长18米、宽0.5米、高0.9米，钢梁12根。河中间用钢筋水泥挺立砥柱垛子，桥梁对接两岸铺成6根，横跨田家湾，路基用钢筋水泥打成相交板，桥两边设有高0.6米的安全护栏墙。桥的两岸游道种植杨柳，绿影倒映，两河碧水绵延数十里，东西农田，郁郁青青。此桥西岸连通郑国祥故居吊脚楼群，通达沅陵七甲坪；东岸连通古道客栈、休闲农庄、农家乐、李四坪吊脚楼群。

◉ 环境

白鹭栖息地 白鹭栖息之地在马头溪村宋家坪组一个叫庙岗的山岗上，此处是一块坟地，有坟墓百座，墓与墓的空隙里长满四季常青的树木。山岗后面是5～6户土家村民的自留地，前面低此岗20米处有良田千丘。每年春天，成群结队的白鹭飞来，春、夏、秋三季，这个小岗的马尾松树就是它们的栖息之地。白天在河边、稻田活动和觅食，晚上则飞到山岗的树林里休息。

大鲵保护区 大鲵，是一种古老的两栖动物，头大、尾小，看起来像个娃娃，本地人又叫“娃娃鱼”。它生性“懒惰”，总是趴在河滩上张开嘴，让食物自然流到嘴里，

宋家坪白鹭栖息地

马头溪娃娃鱼

猕猴

即使没有收获，它也始终保持一个姿态，纹丝不动；它耐饥饿，只要水源好，连续 2 年不进食，也安然无恙。大鲵浑身是肉，无刺。大鲵对环境的要求十分苛刻，只要环境略有恶劣，它便自然消失。马头溪源头水流湍急，河滩、溶洞众多，山高溪深。受马头山脉的阻挡，整条马头溪形成了夏无酷暑、冬无严寒的气候特征，溪流的水源 90% 来自溶洞，水质优良，给大鲵的栖息和繁衍提供了良好的生存环境。为了保护好大鲵的生长环境，王家坪镇政府将整条马头溪沿岸挂牌标示“大鲵保护区”。

小猴娱乐园 马头溪村观音庙原名猴子坡，后因 1958—1960 年的“大跃进”运动，山上森林被砍伐，猴子从此消失。经过长期的封山育林和退耕还林，观音堂山脉森林覆盖率达 98%，生态环境优良，山花遍野，野果满枝，大批猴群迁徙于此。自 2016 年以来，它们时常出没在两河口附近的山坡、田边和吊脚楼前。有时，它们尝遍山中野果后，还会下山寻找新的食物。因此，马头溪村成了小猴的娱乐园，也让乡亲们开了眼界。

田家湾过河古石墩

◉ 生活宜居

饮水安全 马头溪村山川辽阔，水源丰富。20 世纪 90 年代起，马头溪村借助国家退耕还林的补贴政策，大力开展荒山绿化，植树造林，全村先后造林 2800 多亩，森林覆盖率 97.3%。丛密的森林，丰富的植被，如同一个巨大的天然水源储存器。至 2017 年 7 月，全村有 128 处百年未曾枯竭的山泉，半坡村民一直饮用自家的山泉井水，水源好，水质优良。2017 年 6 月，镇政府统一建立了安全引水工程，将丹寺洞的水引入马头溪村，溪河两边居民全部实施了饮水安全工程。

旱涝保收 马头溪村主要的自然灾害是旱灾和洪灾。马头溪河道狭窄，溪河两畔山地积雨面积大，山沟多，暴雨来临时，洪水沿山脊席卷而下，河水来势较快，但退得也快。马头溪村村民历来具有很高的防灾意识，为防洪灾毁坏农田，临溪接坡修建 18 处防洪码头。自明清以来，十里马头溪修建拦河坝 18 处，山塘 98 口，渠道 128680 多米。为预防旱灾，溪边两边半坡村民用自家的稻田挖掘成小山塘，用于畜牧饮水和稻田灌溉，这些防旱防洪水利设施，为马头溪村民提供了防灾保障。山

翻晾初谷

摘回玉米

农家蔬菜

坡修塘，溪河筑坝，联塘接坝开渠浇灌稻田。1934 年连续 93 天的特大干旱，王家坪镇 1.8 万亩稻田基本绝收，但马头溪村除去 500 多亩山坡稻田减产失收外，溪河的 2300 多亩稻田仍然获得很好的收成。好山有好水。马头溪村民长期以来养成了自己挖井喝山泉水的习惯，2010 年前，基本上每家每户都有水井，特别是胜利坪的全雄屋和周家坪全月秀家中的泉水千年不干。为增强村民防范旱灾能力，马头溪村将挑水、端水、车水等抗旱活动作为村寨民间体育竞技活动，每年定期举行比赛，以提高村民防灾意识和抗灾技能。

生态米、环保菜 马头溪山水相宜、四季分明，村民们享有得天独厚的居住环境。他们环保意识强烈，从水稻种植到菜蔬采集多用传统耕作方式，施肥讲究农家粪肥，不施农药。食用米、食用油来自本村的水碾坊和木榨油坊传统加工制成。菜种自育，周边数年前已绝迹的四季葱，在马头溪村的菜园还能看到许多。野菜是马头溪人青睐的美味。春夏之际，水芹、鸭脚板、马齿苋、地黄花常见于农家餐桌，凤尾菇、木耳、地衣、千担柴、水木耳、山竹笋、香椿等山珍是马头溪人的家常菜。山林中的山胡椒、八角茴香、藤椒、花椒等多被马头溪人栽培，作为自家厨房必备的调味原料，而酱油、味精、十三香等市场销售的调味品在马头溪没有市场。

◉ 活动场所

马头溪文化广场 马头溪露天文化广场位于新庄坪，占地21亩，主要用于举行大型活动、休闲度假及露营基地。建于2015年，2016年2月竣工。广场背靠南武当，面朝观音堂，右边紧靠马头溪度假村。形似足球场，地面铺上草皮，马路两边水杉排列整齐。2016年4月举办土家人糊仓节的活动，来自湘西北地区的代表队参加。节日当天，土家人载歌载舞，唱阳戏、打腰鼓、舞狮子、耍龙灯，其中马头溪村表演的傩愿戏“上刀山、下火海、滚刺床”，把活动推向高潮，人们燃起了鞭炮，打起了吆喝，掌声笑声接连不断。

关水坪文化广场 关水坪露天文化广场位于马头溪村益家界，占地12.5亩，2014年开工，2017年竣工。广场背靠南武当主山脉，面朝观音堂，地面用传统的青石岩铺设而成，5栋土家吊脚楼客栈随山就势建在广场正后面，是集马头溪村级接待、文化活动为一体的活动中心。广场前面视野开阔，笔直的公路横跨而过，一座民俗风情浓厚的钢索桥连接马头溪两岸，对面是占地500多亩的杨梅采摘园。

马头溪文化广场一角

两河口文化广场 两河口露天文化广场位于马头溪、葫芦溪两溪流汇合处，占地8.6亩。2010年动工，2014年竣工，2017年改建。广场背靠杨柳池山脉，面朝观音堂余脉，右前方南武当山脉，左下方拦河大坝，碧水长潭，青山倒影。两河口露天文化广场成为游客与村民聚会、庆祝节日的重要场所。2014年，湘西北傩文化艺术节在两河口文化广场举办，傩歌、傩技、傩舞等土家人的绝技，深受边界四县人民的喜爱，掌声、笑声、鞭炮声响成一片。

老屋场民俗活动中心 老屋场民俗活动中心位于马头溪村风雨桥头，背靠观音堂主峰，面朝南武当。老屋场是明末清初张复兴所建的一栋大型双手推车的吊脚楼，砌有包院墙及八字槽门（毁于"文化大革命"）。因有这样一栋古色古香的土家吊脚楼，2013年，村部将吊脚楼群中间的土塔修整成了青石板塔面，成为马头溪花轿迎亲、土家文化艺术会演、民间体育竞技等民俗文化表演场地。2017年正月，张桃妹土家山歌群英会在这里举行，有来自湖北、湖南、广西、贵州、云南5省区的土家族歌手，在活动中心即兴演唱，他们穿着土家族服装，高唱土家族民歌，唱到日落西山。2017年4月，"名家下基层，走进苏木绰"启动仪式在老屋场民俗活动中心举行，全国数十名画家在马头溪村各旅游景点写生。

古槽门

千年村寨

马头溪村是一个历史悠久的土家族古村寨，有李尧、郑国祥故居，有明清以来的土家吊脚楼、风雨桥。有水碾坊、木榨油坊、古沟老渠、拦河古坝、防洪码头、贸易古道等村寨文化遗产。有两河口“天上街市、云中古城”，太平天国时期的寨子抹、大垭湾古城堡。还有李尧墓碑等文化古迹。清康熙年间，佛教文化、耕读文化得到发展，在马头溪观音堂南武当两山之间，十里之地，于南武当、济公界、百老界等五处修建山观寺院，庙会社戏盛极一时。

◉ 名人故居

郑国祥故居　郑国祥故居位于老屋坪组，建于清初年间。郑国祥学贯古今，才华横溢，十九岁时高中榜眼，康熙帝钦点拟旨郎，参与编纂《康熙字典》屡建功勋，四次加俸银一级，开朝廷以资代奖之先河。康熙帝为褒奖郑国祥对大清贡献，曾三次拟拨专款为他修建进士楼，均被郑国祥婉拒。郑氏家族为彰显郑国祥的功德，勉励族人，集族人之力在老屋坪建起 99 根柱头，88 间厢房，内外两重槽门的进士楼，历经百年沧桑，先后多次修缮加固，虽然陈旧显老，但古貌遗风仍在。1951 年土地改革时分给贫苦农民，至 20 世纪 70 年代，因木材使用寿命至极限，主体建筑全部坍塌，仅剩下东西两边的偏房余存，槽门外一堵摇摇欲坠的青砖围墙，宅基杂草丛生，房屋地基被闲置。村委会拟重修郑国祥进士楼，还原其本来面貌。

李尧故居　位于紫荆塔村堰坝小组与马头溪村胜利坪小组的交界之地。故居有 200 余年历史，因年代久远，大部分已被翻修，仅存左边两间破败不堪的楼房，为李尧的第八代子孙李成汉居住其中。李尧出生在两河口柿子树的一间茅舍，因祖上家道不兴、家境贫寒，李尧读书后，举家迁往胜利坪舅

郑国祥故居遗址

舅家居住。父母节衣缩食，修建三间简陋的小平房，李尧在此读书成长。光绪年间，李尧考中进士，官居云南，将旧居重修为双手推车吊脚楼，并为启蒙恩师全能燮配属书房一间，以便悉听恩师教诲。时两河口建成玉皇庙，全能燮撰写上联“两河绿水朝金阙”后，苦思不得下联，整天在书房徘徊踱步，适逢李尧回乡省亲，恩师便请李尧续出下联，当恩师道出上联“两河绿水朝金阙”时，李尧脱口唱出“一朵红云捧玉皇”。师生皆喜，一时传为佳话。

◉ 文化遗迹

马头溪村有众多的文化遗迹，有两河口的“天上街市、云中古城”，即太平天国时期的寨子抹、大垭湾古城堡，南武当山寺、济公庙、玉皇庙；有 300 多年建筑历史的马头溪风雨桥，湘西北贸易古道驿站，有槽门戏台、庙宇宝塔、水车筒车，还有郑国祥、李尧墓碑等文化古迹。

槽门戏台 “槽门”又称“朝门”，是取得功名和富贵人家身份的象征性建筑，有正槽门和侧槽门之分。明、清两朝至民国末年，马头溪村大户人家的吊脚楼都设置槽门，与门外院墙相陪衬。规模最大的是两河口全姓二相公魁云的三重槽门，左右各置绣花楼。有厢房近百间，中华人民共和国成立后的土地改革时期，此院落分给张克明、全文炳 2 个家庭。1989 年，全、张两家房主又将其院落的吊脚楼及厢房当作废旧木料拆毁变卖。现仅存房基、当初所砌的岩墙、铺设的岩板塔以及遗落的雕花磉墩。郭家潭老屋场是李家人的议事中心，此院落修有颇具气魄的槽门，1960 年被拆毁。关水坪大屋场、葛家潭两个基脚及郑国祥故居的两个基脚只有遗迹。田家湾槽门保存完好，李泗坪槽门于 1988 年恢复重修。

明清至民国期间，马头溪村境内有马头溪“品”字风雨桥和两河口风雨桥两处戏台。这两座风雨桥是商贸古道必经之地，溪河两边客栈、饭铺、商铺、加工作坊林立，染布、榨油、弹棉花、面条加工、磨粉碾米等各类民间传统工艺应有尽有。马头溪“品”字风雨桥戏台搭在风雨桥头，每月逢五为马头溪村集市之日，活跃的湘西北民间演艺戏班定时到马头溪村演出，露天演出戏台兴盛近百年，吸引无数山民一睹为快，是乡野山民文化娱乐的主要场地。两河口戏台搭建在马头溪与葫芦溪交汇处的河沟堤上，王家坪龚开家、龚至善的阳戏、汉戏草台班逢集市之日，便在此戏台粉墨登场，时常连演十天半月。中华人民共和国成立后，这两处戏台被拆除。

医馆学堂

医馆 中华人民共和国成立以前，马头溪村没有官办医疗机构。明清时期，民间中草药医馆开始兴起，中草药医师大多是祖传，清末为鼎盛时期。有著名儿科医师龚启琼开设的“群长生医馆”、中医全怀帮开设的“济世堂”等中草药医馆 8 家，从业医师 12 人。中华人民共和国成立后，开设第一家官办诊所“两河口诊所”，从业医师 6 名，引进西医西药，开展中、西医疗法。20 世纪 70 年代，建成马头溪、两河口、关水坪 3 个大队农村合作医疗，挖掘民间验方，种植中草药，方便群众就近就医，做到小病不出村。改革开放后，允许民间中草药医师挂牌行医，有李南工、全子富等 5 位中草药医师开办私人诊所，全村共 8 家医疗机构，从业医务人员 8 人。

学堂 马头溪村有良好的崇文重教风气。明清时期，民间自聘先生设馆，大户人家单设，平民百姓联户聘师设馆。平民进士、湖南五大才子之一、昆明知府李尧为振兴家乡教育，捐资办学。清末民国期间，在两河口上下两里之地，马头溪、葫芦溪的三岔路口有5家私塾学堂，十里马头溪共有18家私塾学堂，从教人员22人，大多都是举人、秀才。中华人民共和国成立后，建成两河口、关水坪、马头溪3所幼儿园和初级小学。20世纪70年代，两河口建成片区中学，学生380多人，教师员工18人。改革开放后，政府为优化教育资源，提高教育质量，实施集中办学。20世纪90年代后，马头溪村幼儿园、初级小学撤并到王家坪镇中心学校。

城堡集市

城堡 马头溪村的城堡主要是指寨子抹云中古堡，它建于清末太平天国时期，是湘西北一带巨富豪强为防止太平军劫掠，便于藏匿财物而建造的城堡。建筑古城堡时采用辟山取石之法，用石头垒成墙高1.5丈，墙厚1丈，自两河口至紫荆塔大垭湾，顺山势起伏而筑成长达2千米城堡分东、南、西、北四个城门，大垭湾为城堡的北门，寨子抹为南门。城门入口处是一个仅一人通行的千步石头云阶，两边悬崖。寨子抹石头古城堡经百年沧桑，十里城墙已是残垣断壁，仅留下大垭湾、寨子抹上、下两重巨大岩石古城门。城堡内可跑车马，内有石碓、石磨、石碾等生活设施，城墙现大都毁坏，仅留下部分石头城墙、门楼遗存，供车马通行的山道依稀可见。

集市 两河口集市位于马头溪村南边，是王家坪镇与沅陵县七甲坪镇两河村交界之处，明清时期，“盐帮古道，沅澧门户”民间商贸曾十分活跃。马头溪村盛产木材、棕片、桐油、辣椒等，这些农副产品是下游沅水流域口岸码头稀缺物资，其中桐油是下游船家油漆木船必需之品。沅、澧流域的各路船家，用布匹、盐巴等生活用品交换桐油、棕片、辣椒，一时各路商贾油客云集于此，两河口成为明清时期最繁华的农副产品交易市场之一。发粑粑、油粑粑、绿豆面、甜酒汤圆等小吃摊棚遍布各村小巷，茶馆、烟馆、戏楼、客栈、商铺临溪而建。两河口风雨桥上人来人往，葫芦溪、马头溪三岔路口人山人海，接踵比肩。两河口集市成为沅陵、大庸、慈利、桃源四县边界最繁华的乡村集市。李香成在风雨桥头开设绸缎铺，占据市场的半边街；1912年，全玉姐在桥头开杂货铺，全农林、全献莞分别在田家湾、老屋坪开设杂货铺，每逢集市之日，赶集人流摩肩接踵，各种山区特有的风味小吃，贩卖农用物资的小摊、小贩比比皆是，仅炸油粑粑的摊主就有五六个，为赶集的山民提供午餐。全文炳开有饭铺兼住宿，农妇全冬菊在桥头免费为赶集人员提供糊米茶水。

贸易古道 从张家界至常德桃源、怀化沅陵的贸易古道，在马头溪“品”字风雨桥、两河口处汇合又分开，三条道路交叉形成交通枢纽。马头溪村内贸易古道是指马头溪两岸盘旋的河道之路。从马头溪“品”字风雨桥出发，绕过荷包塔、龙潭河两处绝壁，经过过河石墩，绕过关水坪、老屋坪、宋家坪、田家湾等溪水，到达两河口木桥，山高坡陡、道路崎岖，全长 15 千米。1975 年前，经官方、民间多次修缮改造，建成青石板路。连接四方、绵延百里的商贸古道，是行人、马帮脚夫的唯一通道，也是享誉湘西北的贸易古道。时至今日，三望坡、鱼目河、孙阳坪、沅古坪、盘塘、桥边河、牛车河、七甲坪等地还保留有完好的部分石板古道、拴马桩、石头马料槽等遗存。除马头溪“品”字风雨桥外，还有李泗坪、老屋坪至沅古坪镇小溪村，关水坪至紫荆塔 3 条交叉古道，这些古道均由石板铺成，成为马头溪村村民进出的补充通道，现古道路基保存完好。2016 年，为恢复重建贸易古道，将马头溪“品”字风雨桥至两河口木桥的古道建成了石板路，部分路段有变动，整个路程稍做拉直，缩短了近 3 千米。

庙宇宝塔

马头溪村历来佛教文化盛行，先后在观音堂、南武当山脉建有古寺庙宇。现有南武当古寺、济公界山庙、观音庙 3 座庙宇遗迹，老屋坪组的溪河边有宝塔遗址。

李泗坪古道遗迹

南武当古庙遗迹

南武当寺 明朝末年，湖北武当山一位得道高僧云游到此，见其山脉雄奇挺拔，古木苍翠，气势开张，是难得一寻的风水宝地，便四处化缘，广募资财修庙，顺着山势，建成一座寺庙。寺庙修成后，接纳外地云游和尚定居，遂将修庙之山改名南武当，寺庙取名为南武当寺。整个寺庙占地 15 亩，长 13.5 米、宽 13.1 米、高 16 米。寺庙正面为大雄宝殿，百尊镏金佛像陈列其间，后为雅寝斋房、藏经阁等配套建筑，步入前厅广场，有供庙会表演的戏台。南武当庙建成百年间，因风雨剥蚀，造成局部损坏，经过多次修缮。最后一次是在民国年间，由民间乡绅李富升、龚周帮、燕绍主、张成珠、张品梓等人出资募捐修缮，并捐有 10 余亩稻田、茶山等作为寺庙财产。此后数百年间，香火鼎盛，念经吃斋和尚 20 多人。每年的庙会，来自沅陵、桃源、慈利、大庸四县边界的香客信徒络绎不绝。此庙宇在“文化大革命”时期因“破四旧”运动而遭毁坏。

济公庙 位于两河口村马头山峰，建于盛唐时期。占地面积 1200 平方米，建筑面积 600 平方米。传说一日济公云游至此，见此山古木苍翠、峰接云头、地势开阔、祥光升腾，48 座马头山尽收眼底，感慨一生未见如此气象之地，从此定居于此，修建寺庙，修炼佛法，终得大成，为世人所敬仰。为纪念济公活佛，当地人将此庙更名为济公庙，于20世纪60年代“文化大革命”时期被毁。

观音庙 位于观音堂山脉，建于清代。相传，观音庙是马头溪和沅古坪镇小溪两溪村寨的乡民为求子祈福，由郑国祥父亲捐资修建。修建当时，举两溪20多个村寨之力，在山头筑窑烧砖制瓦、砍树伐木，建成了占地面积12亩、建筑面积8亩，有大雄宝殿、宿舍、厨房、藏经阁和戏台的观音庙。马头溪村郑氏家族更是族大势众，英才满门，成为马头溪村最大的家族，在马头溪的半边溪都是郑家人，历有“郑半边”的说法。自清以来观音庙香火旺盛，来自湘西北求子祈福的善男信女及香客游人络绎不绝，观音庙声名鹊起，此庙毁于20世纪60年代“文化大革命”时期的“破四旧”运动，庙迹犹存。

宝塔 位于老屋坪，建于清初，占地面积40平方米，高32米，共9层，每层翘角搬爪，四方开有佛门，呈立体尖峰塔型。宝塔建成后，当地群众前来烧香拜佛，贡有满塔菩萨。此宝塔毁于20世纪60年代“文化大革命”时期的“破四旧”运动，现仅有遗迹。

水车筒车 水车是土家先民抗旱工具，运用齿轮比的原理，通过大小轮轴转动，带动龙骨板叶沉水槽，将水由低处流向高处，达到低水高流的目的。龙骨水车反映了古代土家人的聪明和智慧。筒车其形如车轮，直径约3米左右，用竹或木制成，双层，中间用竹木连接。架木立轴轮，边沿捆尺余长竹筒，大旱之际，置筒于溪河之水，借水力翻转车轮，竹筒沉于溪河时，注满河水，待竹筒随车轮翻转依次到达顶点时，筒中水自行流出，沿涧槽注入田地中。

古坝石墩 马头溪村是农耕古村，沿溪村民主要靠筑坝蓄水浇灌，溪流直下，与沅陵县接壤，全长12.5千米。2011年前，整条溪河只有3处拦河坝，用于堵水，灌溉农田，5个残缺的过河坝、石墩和2座风雨桥，在冬季和雨水季节，村民行走极为不便。发展乡村旅游以后，新建河坝石墩7处，并对老的河坝石墩进行整修。按照河墩成双、坡墩做单、间隔10厘米放墩一个的规矩，河面最宽的两河口坝有48个岩墩，最窄的老屋坪坝有18个岩墩。一般小水过岩墩，大水过桥，村民和游客过河行走方便。至2017年，有田家湾、葛家潭、两河口、宋家坪、庄屋坪、老屋坪、关水坪、方泗坪、老屋场、杨家湾、李泗坪、龙潭河、木坝、粟子坡、碾子坝15处拦河古坝（过河石墩），其中最大的为两河口坝，共48步，每步0.4米，最古老的为田家湾坝，建于1836年。15处拦河古坝和过河石墩形成梯形瀑布，成为马头溪村一道美丽的景观。

两河口过河古石墩

链接：

据考，明末清初，龙潭河村寨龚、郑两族数十户人家，为保稻田灌溉，议定共同在龙潭河修建一水坝。经两大家族共同努力，历时三年，大坝告成，当年正遇大旱，溪水不足，龚氏仗着族大人众，“先龚后郑”，不让郑氏修渠引水，而上游龚氏仅 50 多亩稻田，下游郑氏近 200 亩稻田。郑氏稻田普遍干裂，郑氏家族无奈，集族民之力，一夜修成 150 多米的引水渠道，并将修渠之土撒上菜枯，并引水灌田。龚氏将郑氏毁田开渠一事告到沅陵县衙，县衙派人调查裁决，发现泥土有很多枯饼肥料，并非开渠新土，裁决龚氏纯属诬告，罚铜钱千吊。龚氏须遵守“上灌下接”的乡规民约，不得阻拦郑氏稻田灌溉。

◉ 农耕生活

马头溪村是一个自给自足的传统农业村寨，石磨、碓马、风车等家庭加工作坊，家家配置齐全；村寨或大户人家配备有水碾坊、旱碾坊和木榨坊等传统加工设施。

水碾坊 水碾坊是利用水的冲力带动碾子对谷物进行碾压加工的作坊，20 世纪 80 年代以前，马头溪沿河两岸就有“两里一水碾，五里一油坊”的说法。水碾坊一

水碾碾米

般由一栋木质建筑、一座拦河小坝、一条水渠、一个碾子和一个冲鼓（或冲伞）组成。水碾坊必须修在溪河两边，修造水碾坊时需在河流上端筑一座拦河小坝，开一条水渠，在水碾的旁边做一个水扎。水碾由石木结构组成，制作水碾、冲鼓工序复杂，技术要求极高，如果水量大，水流急，可以冲伞，伞的转动再带动“将军”（碾盘中间的主轴）及碾滚。修建时需要岩匠修砌安装动力的石窟、开凿碾槽，碾的接头处没有一丝缝隙，碾滚转动起来不能摩擦到槽的两边。碾滚做工也很考究，在中间穿一孔，一截短木穿在碾滚上，牢牢地固定在长长的一截弯木上，在弯木的大头处凿一个长方形的眼，再套着“将军”。

随着社会的发展，马头溪村溪河两岸农家碾米坊生意清淡，引水沟渠漏水，水堤垮塌，水碾米磨未见修凿，损毁严重，水碾设施年久失修，加上无人看管，现仅剩关水坪一家水碾坊，用于农耕展示。

木榨坊 早期村民将油菜籽和油茶籽加工成菜油和茶油的加工作坊。在马头溪村为了方便群众，水碾坊和木榨坊大多数都是修在一起。木榨坊的构材多用樟树、栗树、枫树、楠木等硬质杂木，取其蔸筒 3 米一截，请技术高超的木匠，将中间挖一条槽，以便放枯，还要开一条细槽漏油，再按其要求制作一定数量、宽窄不一的楔子，用檀木再制作一根丈多长的撞杆，将撞杆吊悬在屋梁上。由于木榨加工费时费力，随着时代的变化，铁制榨油机品种繁多，用传统木榨坊榨油者甚少，现仅存关水坪和马头溪两座木榨坊。

木榨榨油

旱碾坊 旱碾坊建在无水碾的农家地方。先在裁好的石料中间凿成圆弧形石槽，安装成直径七八尺大的圆形碾盘，在碾盘中立一固定的岩或木桩子。在柱子上套一个剪刀形的木架，在两木架下安两圆饼形的石磙入碾槽里，前后各一个。再在木架上安上一个用牛拉的套柱子，把器具套在牛肩上后，人坐在碾架上，赶着牛走，两个磙子向前不断转动，主要用于碾压水稻、玉米等谷物。

“老糖干”作坊 “老糖干”作坊在马头溪村马头溪组李根雄家。据“老糖干”世家第五代传人李根雄师傅介绍，这种甜食的加工技术是太公在清朝中期从沅陵街上一糖铺投师学到手的，成品的标准是“香脆甜蜜、落口消融”。主要原材料是大米、玉米、高粱、大麦、芝麻。“一作糖”（成品 40 千克，糖糟 100 千克）需要原粮 50 千克，大麦芽 5 千克，芝麻 5 千克，先后用 900 千克水、400 千克木柴，将原粮蒸熟，下麦芽发酵过滤共需 18 道工序，两天一夜加工制成成品。其中打梳滚、扯糖丝两大工序既费神又费力，既要抓紧时间，又要把握火候，还要有能举百斤的好劳力，才能完成这两道关键工序。

李根雄“老糖干”作坊

推磨

车米

石磨　用坚硬的粗麻岩打成，呈圆形，分上下两扇，将下扇磨子中间打一个小圆眼，安一个木头梢，叫磨心；在上扇磨子中间下面打一个小眼，和磨心连起来，再从上面打一个小穿眼，用于放粮食进去。石磨在马头溪村几乎家家户户都有，用来推豆腐，磨小麦粉、荞麦粉等，十分适用。

风车　木质器具，主要是用手摇动风车手柄，借助风力将稻谷（或米粒）从空瘪的稻谷或糠粒中分离出来，以达到谷物分离的目的。风车一般配合石磨、碓马、米筛和簸箕一起使用。

碓马　岩匠在裁好的石料中打一个圆形、上大下小而尖的岩凹，约一尺五到二尺深左右，再做一个木制碓马架，像一个十字架，前面安一冲杆，冲杆前端包上铁皮，主要是耐磨。在碓马的两边各安一石条丫子，放好碓马架，脚踩着碓马架的后段，马头就自然伸起来；一松脚，马前的冲杆柱就落在碓马凹中，这样就可把谷物冲碎，压成碎粉子，这样做出来的米饭味道清香纯正。

风雨桥

风雨桥是马头溪村土家人走路、乘凉，挡风避雨的地方，故叫风雨桥，当地人也叫凉桥或花桥。土家妇女在此处绣花、唱情歌，孩童在此看书、做作业。马头溪村现有3座风雨桥，其中马头溪“品”字风雨桥最古老，关水坪和庄屋坪风雨桥最能体现马头溪村村民纯朴的民风，也叫民心桥。

马头溪风雨桥 马头溪“品”字风雨桥位于王家坪镇与沅古坪两镇交界之处，是王家坪镇建桥历史最早的土家风雨桥。建于清初时期，是湘西北盐帮古道之桥。由于地理位置特殊，请示懂自然、地理的老先生，根据此处的山形、地理和交通情况综合考虑，建议进行“风水”修补，开龙口，修龙门，在主桥东、西两边配建两小桥，建成“品”字形连环桥。“品”字桥建成后，马头溪先后有榜眼郑国祥、平民进士李尧等为代表的名人涌出，马头溪成为人文之溪。马头溪“品”字风雨桥历百年沧桑，曾3次整修加固，最后一次是1934年，当时地下党员欧开修为迎接贺龙将军率红二、六军团战略转移，倡议整修马头溪“品”字桥，得四界八乡民众响应支持，历时一年多建成。1978年6月，特大山洪将东、西两面小风雨桥冲毁，20世纪90年代修建张家界市至怀化市省级公路，东面建成公路桥，西边改成简易水泥预制板桥，现仅存主桥。

马头溪风雨桥

关水坪风雨桥

关水坪风雨桥 关水坪风雨桥位于马头溪河段中游的老屋场处，建于2012年。是马头溪村改革开放第一桥，也称“民心桥”。关水坪因地处溪河，多发洪涝水灾，群众生活极其困难，书记郑明华上任后，为改变村子落后面貌，解决村民过河困难，发动村民投工捐料自发修建土家风雨桥。修桥当时，村民自己报名，村里木匠到村民山林中挑选木材，农户负责搬运。有4～5家农户家中无劳力，自己掏钱请工进行搬运。退休职工全廷杰，年高多病，没有劳力，出资2800多元雇请劳力将整修房屋的木材送到建桥工地。村民郑明兵将女儿出嫁打家具的木材捐给村里修桥；张婵浓丈夫去世，卖掉300千克稻谷付人力工资；郑明新等请人用钢索将木材从山林中拖下来，付人工费1900元，郑明珍生病出院，不能出力，花2700元请人搬运。通过村民们的积极筹集，不到半月时间，村民共捐巨型桥梁8根，木材98立方米，先后投工528个，建成高8米、宽6米、长22米，共12扇的关水坪土家风雨桥。大桥落成时，村民自发筹款购买鞭炮，共同庆祝。

庄屋坪风雨桥

庄屋坪风雨桥 庄屋坪风雨桥位两河口的上游、马头溪的中游，建于 2014 年，四个桥墩三个桥孔，共 16 扇，桥长 32 米，高 8 米，宽 6 米，是马头溪村继关水坪风雨桥建成后，群众投工捐料修建的第二座土家风雨桥。庄屋坪小组是马头溪村人口较多的村民小组，有村民 188 人。为修建风雨桥，庄屋坪村民自发筹集木材，不要外援，半月时间捐桥梁木材 218 立方米。82 岁的老党员石岸书，将老两口做寿木的杉材托儿媳捐给村里建桥。所有在家村民不仅积极投入修桥工程，还动员在外务工、读书、工作人员返乡建桥。经 8 个多月紧张劳动，于 2014 年 10 月 1 日建成通行。庄屋坪风雨桥是马头溪有史以来规模最大的土家风雨桥。

宋家坪吊脚楼

◉ 土家吊脚楼

马头溪村溪河两岸多是依山傍水、随物就势的土家吊脚楼，它们与阳光、雨雾相融于山边、溪旁，成为一道别致的风景。为充分利用土地，节约资源，同时又有利于健康长寿，土家先民不断总结经验，研究建造出一系列适应南方潮湿气候的土家吊脚楼。吊脚楼是马头溪村的标志性民居，也是最具民族特色的风物景观。

选址

吊脚楼的选址主要考虑依山傍水和防潮透气两大要素，而吊脚楼的样式主要依赖房屋修建时所处地理环境。

依山傍水　马头溪村村民对居住环境的选择，多以依山傍水为理想之地。依山，谓之有柴烧火，傍水，洗漱方便。为此，大多修房盖屋的人把依山傍水作为修房定居的标准。依山傍水在农业生产上也有重要作用，依山，有旱地可耕种，有土地可栽培玉米、红薯、高粱、小麦、豆类等旱粮作物。傍水，稻田不缺水，干旱年景有水抗旱，农作物不致绝收。

福兴坪吊脚楼

防潮透气 马头溪的溪水两边地下水丰沛，一年四季空气湿度较大，防潮透气是修建溪河两岸吊脚楼时的首要设计方案。马头溪两岸的吊脚楼脚由八尺到一丈不等，择其地势而定，空气流动性能强，便于透气，接地的柱头不易受潮，水气易挥发。正屋平房地面多铺设楼板，楼板下面一般都有拌石灰、木炭屑末等防潮设施；地脚枋的晾枋岩留一定空隙通风透气，让地面潮气散发，保证楼板免受长时间潮气影响。木屋板壁多采用桐油漆刷，3 ~ 5 年油漆一次，以防潮气腐蚀木料。楼板也有用清漆油漆的，但多数沿袭传统方式，用桐油漆刷，避免居住在吊脚楼里的土家人因气候潮湿而滋生风湿疾病。

样式

土家吊脚楼没有固定的类型，大多随山就势，随势赋形，利用山地落差的有限空间。楼上悬柱，楼下落柱，形成骨架，不讲究街巷布局，顺其地势之自然、心态之自然，融入山水，崇尚人与自然相依相存的观念。最具代表性的有一字头式、双手推车式、“7”字头式、跛子赶羊式等。

一字头式 这种吊脚楼最为常见和简单，主要取决于地势结构修建而成。这种建筑式样的吊脚楼最少是三间排成一排，像汉字中的“一”字，最多也有九间排成一排的。一般情况下房间排列越多，建筑年代越久远。多建于十九世纪六七十年代，当时社会治安虽好，粮食却相当紧张，一些劳动力欠缺的家庭，便从大院中搬离出来，单家独户居

双手推车吊脚楼

住在大山深处或是山坡地，过着自给自足的农耕生活。

“7”字头式 就是在一字吊脚楼的基础上将房屋的一边修成 90 度的转角楼，形状像钥匙。

双手推车式 就是在一字吊脚楼的基础上将房屋的两边分别加修两间或三间吊脚楼房形成直角转角楼，这种房屋结构通常是孩子长大后成家立业不够居住而加修的，多为兄弟各住一边，共同拥有中间的堂屋和院子。这样既方便适用，又和谐美观。

布局设计

马头溪吊脚楼群的布局讲究协调温馨，一般家庭修房盖屋，都需请本族内德高望重的人物出面主持。除了正屋、厢房和转角楼外，吊脚楼的厨房、卧室、杂物间、堂屋、火坑屋、猪牛栏的布局，都极有讲究，力求方便、协调、温馨。

正屋·厢房 “正屋”，一般指一式三间的房屋，其特点是有两扇大门，其屋瓦走向一致，与正中堂屋浑然连接一体。“厢房”，又称“偏房”，是在正屋的左或右边再加修的房子，其屋瓦的走向与正屋不同。家人居住有一定的俗规。根据家中人口，先正后偏，先左后右，再转角楼。若三代同堂，家中有两个已经结婚的儿子，则祖父母住“博兜”房，父母住偏房，大儿住左边正屋，小儿住右边正屋。若还有未出嫁的女儿，则居转角楼。以上住的方式，不得随意更换，否则便被人们认为不懂规矩。正屋除堂屋朝外开门外，其他房间一般不朝外开门，多由堂屋内的侧门进出。

堂屋 土家族人的堂屋是最主要的一间房子，占据整栋房屋正中间。整栋房屋无论多少户都是共一间堂屋，这是一间公产房。堂屋开对字门，两扇万字桥窗，进门枋高于其他门枋，意主关财，堂屋内不铺地板楼板，意思是连天接地，顶上梁木画太极以及八卦图案，堂屋正面是“天地国亲师位”，家神两旁贴家规家训，壁板最上面悬挂神匾。当家中娶儿媳时，娘家送号匾悬右壁，左边是其他亲朋好友送匾所挂之处。

土家族人凡有红白喜事，一切祭祀活动都在堂屋举行。20 世纪 60 年代前，各家堂屋都有神龛，并供有观音、财神、关公等各种神像，下摆香案供桌，有信佛长者早晚一炷香，从不间断，“文化大革命”中，神龛及神像大都被废。土家族人的堂屋是传承香火，正肃家风的神圣地方。

转角楼 俗称“走马转角楼”，由正屋、偏屋、木楼三部分组成。正屋一般修六扇五间，每扇有三柱四棋，四柱五棋，五柱六棋或七柱八棋之分。正屋当中一间称堂屋，为敬祭祖先和迎接宾客之所；左右两间为火炕屋和住人；两头称偏房，俗称“磨角”，又叫“马屁股”，作灶房或磨房之用。紧接磨角处，一方或两边就起“转角楼”，其楼一般为三扇两间，上下两层，上层住人，多为主房、围房、书房或客房；下为仓库或磨房。其前方多修饰檐，其顶正前两角翘起，饰以龙头鱼尾，气势雄伟。不论是正屋、角楼，其屋脊正中多以瓦片砌成梅花或堆成“品”字形，两端翘角。

牛栏猪圈 马头溪吊脚楼的转角楼一般分上、下两层，用木、竹做桩柱、楼板和墙壁，近代也有用石块、砖土筑成墙壁的，房顶用杉树皮、茅草或瓦片等覆盖。吊脚楼上层有的住人，有的作为休息纳凉之用，下层多为牛栏猪圈，喂养牲畜，安置碓、磨，堆放家具杂物等。也有的干脆把牛栏猪圈建在房屋的前边或旁边，与主屋分开。

竹篱 即用竹子夹成的篱笆，多用于作房屋四周的围栏或用以围菜园用。一般先于地上打木桩数根，于木桩上横绑上圆木条三四根，再取小山竹绕圆木条，密密夹之即成。 另一种形式不用木桩，只需将山竹条交错斜插，一端插于地面即成。

修建工序 吊脚楼的修建很有讲究，工序也复杂，主要分为采料加工、穿枋排扇、立屋上梁和打瓦盖顶四道程序。

采料加工就是在山林中选择优质的木材进行采伐，初步加工成半成品，然后运回家中，由木匠将半成品材料加工成为建房用的成品材料。穿枋排扇是将一根根木枋穿过柱头眼，形成一排排的木扇。穿枋很有讲究，通常先排东头第一扇，从前檐第一柱（龙头柱）开始穿，然后依次将所有木枋穿成一排排木扇。立屋上梁就是将各排木扇竖立起来，一般需要 40 ~ 50 人共同协作，排扇立起之后，中间堂屋装上梁木。打瓦盖顶就是在吊脚楼木架立成后，将泥瓦传上屋顶，在传瓦过程中，土家人们习惯将泥瓦抛在空中，用来考验接瓦之人，这样一边劳动一边欢笑，就叫打瓦。盖顶就是用泥瓦将房屋顶盖住，这是吊脚楼修建的最后一道程序。

穿枋排扇

吊脚楼装饰

吊脚楼装饰 吊脚楼的装饰主要分造型、雕刻和板壁用材三个方面。

马头溪吊脚楼的造型在“楼”，楼的外形设计在于“角”，飞檐翘角是许多大料木匠刻意追求的艺术顶峰。翘角有气势，平衡相对或相持，讲求钩心斗角的艺术意境，是吊脚楼外形设计的核心。吊脚楼修建时，要综合地势、山水座向、主人性情、资产状况等因素，既表现主人性格的特点，又体现木工技艺的高超。

吊脚楼的精致可从椽柱配饰的花卉鸟兽浮雕上看出，大户人家吊脚楼的柱椽、棋筒都有纷繁复杂的花卉、飞禽浮雕，堂屋及门面多采用鼓皮、落堂方式装修，窗棂采用万字格、七字格图案，做工精巧。宋家坪全炳云家收藏的四扇堂屋大门极为精致，可见当年宋家人修房时的一片心血。管竹坪张福新所修的双手推车吊脚楼，如今仍可见棋筒木椽上残存的浮雕。

吊脚楼的板壁多采用鼓皮、落堂装修。鼓皮由厚杉木板干后相嵌，刨光打磨置于木框中，形成整体。待框板全干后，嵌入枋框中。整个板面平滑，形同鼓皮，故谓之。落堂虽较鼓皮粗糙，但比一板一含的装修工艺精致。

吊脚楼设施

火坑屋 火坑屋是马头溪人春冬两季的防寒取暖之地。马头溪无论是吊脚楼或平房，都设有火坑屋，供家人烧柴烤火，兼有厨房的功能，火坑上方的廊架是熏炕腊肉的理想之处。

火坑土灶 悬于火坑之上的木架，长约 1.2 米，宽约 0.6 米，架中另有 2 ~ 3 条木枋，间隔排列。一般距地面约 1 米多高，悬于二楼的筋条上。火坑对于马头溪人而言相

火坑屋（一）

当重要，一切腊制食品均离不开它。人们还常用火坑木架悬吊鼎罐以烹煮食物。一般火坑木架可悬几十年，常被烟火烤得乌黑闪亮。农家土灶多请泥水瓦匠由土砖打造。土砖用黄土木框装土槌打晒干，或选用稻田泥土用木框取形晒干成土砖。打灶依铁锅口径大小在厨房描图设计，依图纸放砖成形，中间间隙填土筑实。土灶成形后，用稻草低筋拌石灰粉饰表面，表面粉饰平滑后，可用油彩绘画花卉鸟兽图案。土灶因灶内间隙以黄土填实，传热性能差，灶体表面热量散发较差，夏秋厨房烹饪仍有清凉感觉。

吊脚楼风俗

画梁 即对梁木进行加工、绘制。木匠制梁，先用斧削去树皮，制成四棱方柱形，主人用红布铺地，不让树皮刨花飞落于地。制好后，再在梁木中央凿一圆孔，主人用衣

火坑屋（二）

服兜接木渣，使其不溅落于地面。再用布包上朱砂、银子、茶叶、米，滴上酒，填塞于圆孔内。围绕圆孔画一朵莲花或八卦太极图，其圆孔内再缀紧数十根五色布条，有如流苏状，梁木两端分书“乾坤”二字。紧接着从正中向两端依次钉上亲戚赠送的银质“梁泡”。画完梁后，木匠须在梁木两端“开口”以凿样，边开边唱：“先开东，主东金银满堂中，后开西，主东骡马叫喜喜……”开梁口的木渣，亦需主人用衣衫跪接，用布封包，珍藏于箱底。

偷梁 马头溪村的一种建房习俗。堂屋顶梁木是备受尊重的，不能从自家山林中砍伐，而要去“偷”。建屋主人亲自上山，带上至亲好友，去别人山林中任意挑选。所需梁木不仅要求粗细适中，挺直，而且还需选择树梢分叉的树，这意味着“发枝发叉，家发子发”。砍倒后树必须靠山倒，以示“步步高升”，树刚着地，主人即燃放鞭炮。再按长短需要取材，而后用红绸系于中间，两人或四人抬回，中途不得休息，须一口气抬回屋场。有的地方还要专门抬着梁木到树主家走过以“讨骂”，若树主人不骂，就是不懂礼，骂得越凶越厉害，建屋主人越高兴。因为村里的人认为，树主骂后，梁木的邪气就会消失，可放心架于中堂之上了。另外，梁木进屋场后，不许任何人跨过或踩踏，以求吉祥。

匾 用上等松、楠、樟等木板制作，长方形，长约 1.6 米，宽约 1 米。匾有木框，其中旧时镶以木板，今日多镶以玻璃镜子，木板四周雕以吉祥花纹图案或诸神像。其上沿正中，镶嵌一面直径约 10 厘米的圆镜，俗称“照妖镜”。正中刻有四个大字，如“竹苞松茂”或“华堂生辉”等，多用上等油漆刷过，有的则镶金嵌银，十分华丽。匾一般悬挂于堂屋正中，神龛之上，多由至亲贺赠，若匾比较多的，则堂屋一排横列，再多者亦可悬于大门楣上。匾亦是一种荣誉的象征，人们往往以其量多质高而夸耀于人。

梁泡 嵌于梁木上的具有一定含义的装饰品。“梁泡”为银质薄片，圆形，大如碗口，四周成锯齿状，其整个形状有如太阳图案，不仅包含着红日照堂，光明、温暖等祈求吉祥之意，也包含着一种原始的对太阳崇拜的意味。“梁泡”一般是由至亲作为贺礼相赠，一根梁木上以“梁泡”之多显示家业的兴旺和人丁的兴旺。

梁彩 马头溪村建房习俗，指挂于梁上的各色布匹。上梁之前，各亲友有以赠彩布为礼者，主人先将各亲友所赠之彩布挂于梁上，以向众人炫耀，上梁后再收藏好。

上梁赞 马头溪人修新屋上梁时请歌师赞梁，歌师是修屋的木匠。两位木匠在天未亮时，手执斧头和公鸡在主梁边口中念念有词，叫作“祭梁”。天亮后，歌师端着茶盘，盘内放猪肉、酒壶、酒杯、粑粑，从堂屋两边中柱爬上梯子，上一步唱几句赞词。梯子上完，两人站在主梁上点酒、然后赞酒，从一杯酒赞到十杯酒，如："十杯美酒点完全，衣食不在懒人边，夫唱妇随勤生产，幸福生活万万年！"点酒过后，开始赞梁，两人一唱一和，大都是祝贺主人家吉祥之词。赞词是七字句，讲求押韵。赞梁毕，歌师拿着两个大粑粑，问站在梁下主人家；"要富还是要贵？"主人家说："富贵都要。"歌师抛下第一个粑粑时赞唱："要富赐你富满门，五谷年年得丰登；六畜兴旺样样好，金银财宝垫墙根。"主人家手接第一个粑粑。歌师抛下第二个粑粑赞唱："要贵赐你出贵人，又能武来又能文，文能献策安天下，武能卫国保和平。"接着歌师将带上去的粑粑向东、南、西、北四方抛下，让看热闹的人在地上抢粑粑，然后将亲戚朋友送的搭梁布挂在梁上，此时鸣鞭炮，歌师从梁上沿梯而下，向主人家作揖祝贺。

踩财门 踩财门是马头溪村村民家居落成要表示庆贺的一种仪式。屋主要事先请几位能言善辩的人，扮成"文曲""财帛""紫微""南极""送子"等天上的星官，在木匠刚将大门安好后，举行此仪式。"踩财门"这天，宾客云集，主人大摆宴席，张灯结彩。众"星官"于天明之际于屋外敲门，木匠师傅则在屋内与众"星官"进行问答，问其何时何处动身启程，来此何事，给主东送何贺礼等，众星官一一作答，如送财气、状元郎、寿辰、子孙等，完毕后，主人燃放鞭炮以敬众"神"，此时，亲戚好友，均来"踩财门"致贺。主人一一相迎，接受贺礼，招待众人。

吊脚楼村寨

马头溪村有 9 个吊脚楼群，其中夹金岩和西边界吊脚楼位于马头溪两边山坡上的山坳处，避风向阳，矮小内敛。龙潭河、老屋场、老屋坪、宋家坪、田家湾、胜利坪、郭家湾 7 个寨子的吊脚楼群分别位于马头溪和葫芦溪两岸，恢宏张扬。

西边界吊脚楼 西边界组是一个土家族古寨，这里的土家人散居在高山茂林里，吊脚楼群的布局也是一户一栋。在一字吊脚楼的基础上将房屋的一端修成 90 度的转角楼，飞檐翘角，形状像"7"字头的吊脚楼，随山就势，依地而建。村寨四周，古木环抱，天气澄和，风光景物闲美，令人舒畅。

夹金岩吊脚楼 夹金岩是一个山坡村寨，海拔近 800 米。山寨由 20 多户人家建房聚寨，早在明清时期就已经形成寨子。都总龚志金 68 间三进两重堂双手推车的吊脚楼豪宅，建于清康熙年间，虽然有些陈旧，但仍完好无损，住着龚志金后辈的十多户人家，成为马头溪村寨吊脚楼使用寿命的奇迹。湖南大学教授、专家曾到此考察，2014 年秋因电起火，付之一炬。夹金岩吊脚楼大多都是单家独处，坐西朝东。吊脚楼矮小内敛，防风挡雪，冬暖夏凉，住房周围都是 3 ～ 5 人合抱的古树，冬季初升的太阳洒在山寨人家院里的每一个角落，暖和宜人。到了夏季，天气炎热，西落的太阳被观音堂山脉挡住，吊脚楼的四周古树枝繁叶茂，清风阵阵。

龙潭河村寨 龙潭河吊脚楼群坐落在观音堂主峰下，距马头溪度假村 6 千米处。面朝南武当高峰，前面有一座 300 多年的拦河坝，引水灌田的古渠环绕村寨，长年潺潺流淌，长堤上，杨柳随风起舞，楼头前树影应时西斜。吊脚楼群以张福星的儿子在民国时期所建的吊脚楼为核心，形成了一大片吊脚楼群。龙潭河的吊脚楼群依山就势，和谐统一，错落有致，楼与楼相连，角与角对等。

老屋场大寨子 后靠观音堂山脉，前临马头溪，上至龙潭河，下至老屋坪。上下五里路有 500 多亩水旱无忧、土地肥沃的良田。宅主张福新在明清时期借助盐帮古道做一些桐油、棕片、辣椒土货生意，成为马头溪村的暴发户，家产仅次于老屋坪全羡万。1918 年，张福星将祖上老宅倒架重修，挑选百名精壮男子历时一个月，从百里外的双溪桥抬来上等木材，从沅陵请来墨头名师启木匠设计建造，历时三年，建成土家吊脚楼顶级格局的五柱六棋的双手推车的豪宅。“老屋场，老屋场，拖起竹垫晒光洋”，这句民间俗语在十里马头溪流传了上百年。明清以来，有乡民在此建成双手推车式、“7”字头式等建筑样式的吊脚楼 20 多栋。老屋场大寨子成为当时马头溪文化活动中心，老屋场的

航拍老屋坪

宋家坪古寨

千年戏台经百年沧桑，残破不堪，但它见证了老屋场大寨子的昔日繁华。现是马头溪村民俗活动展演中心，2017 年正月初一，湖南卫视在此直播了湖北、湖南、广西、贵州、云南五省区“桃妹之歌群英会”盛大土家民歌擂台赛，影响海内外。

老屋坪村寨 老屋坪村寨位于老屋坪组，背靠观音堂主峰，前面有一条玉带溪水潺潺绕过村寨，对面是南武当山脉。村寨以郑国祥进士楼遗址为核心，十多栋吊脚楼就围绕一处山岗、两处山塆随势而建，相接相连，或高或低，层次分明，或左或右，排列有序，烟雾在檐角上袅袅起飞，鸡犬之声相闻，百年古木枝繁叶茂，掩映楼头，楼角若隐若现。村寨吊脚楼大多数是清末民国初期的建筑，其风格尽显土家吊脚楼的艺术风格。跑马楼飞檐翘角，一条长廊绕屋半周，是整栋楼房的通道，行人来往很是方便。老屋坪村寨的吊脚楼群，是马头溪村最有代表性的吊脚楼群。

宋家坪村寨 宋家坪村寨位于宋家坪组，吊脚楼群为全怀邦在清末民国初期所建。建筑格局非常考究，选址依山临水，后依观音堂主脉，面朝南武当，是典型的坐西朝东的格局。前有碧水，后有青山，十几栋吊脚楼，建在一处山岗之下，司檐接着司檐，爪角弯曲上翘，自然和谐，房上屋脊，均有龙凤呈祥的造型，白石灰和浆封檐砌脊，线条清晰。梁上有太极图、八卦等图案，棋筒、斗枋雕有金瓜福禄寿喜字画。房屋采用鼓皮

田家湾吊脚楼

或落堂，窗采用“万”字格或“7”字格，也有最为少见的用打乱冰的格局精制而成的窗格。村寨有青石板小径连接整个吊脚楼群，最为集中的几栋建在一起，房前屋后配有风景林、果木林，古色古香，别具一格。

田家湾吊脚楼群　位于南武当山脉尽头的田家湾组，相传原为田姓人家的基宅，后将宅基卖给全顺遂。道光十六年（1836），全顺遂用一仓铜圆（约八千串）修建吊脚楼群。整个吊脚楼群为五柱六棋的正堂，左右两间正屋，双手推车式的吊脚楼，两边延伸跑马转角楼内设耳房。正堂用青瓦叠的双脊，梓木主梁画的太极图，“乾坤、瑞安”四个大字，书写两头。看梁书写“理傅道樂舒锦茂南”八个字。楼角扳爪一丈二尺，上翘八十度，纯白的瓷碗盖在爪角上，反射的光线，刺人眼睛。正屋跑马转角楼，耳房都是用杉木板采的古壁，堂屋的排扇枋和室内的窗户全部雕刻，用桐油漆得乌黑。天井和街阴用板岩铺得相当平整，天井踏外正对中堂修建一个八字槽门，古朴吉祥，两边刷白六尺高的围墙。到清朝末有全公的孙子全怀邦书画于墙。左边是“飞燕翠竹，百鸟含春”，右边是“直鬃烈马，马到成功”。因年久失修，转角跑马楼和耳房已经损毁，仅存槽门和双手推车式的吊脚楼。

胜利坪吊脚楼群　位于紫荆塔村与马头溪村交界处的胜利坪组，有老屋塆、李家屋场、十家塆 3 个吊脚楼群。燕、金两家楼上的栏杆、窗户都是採的格子，用杉木板装的古壁，李家屋场系湖南才子、昆明知府李尧的后人居住，因年代长久，已破落不堪。李尧的第四代传人李成汉虽有守望故土之意，但因年老体弱，无力修复，暂用数根杉木条子支撑着。

郭家湾老寨子　位于两河口葫芦溪的上游，是葫芦溪、马头溪两溪最老最大的土家古寨子。始建于隋唐年代，兴盛于明清时期，由 30 多栋双手推车、一字长龙、“7”字头、跛子赶羊等 18 种建筑风格结成寨子。寨子以葫芦溪东西两边土家楼群形成寨，东边的吊脚楼较多，为清代当地巨富全明山修建的“山”字形共28扇66间吊脚楼，配套了旱碾坊、磨坊、仓库和牛猪栏等附属建筑，为生活带来了很大的方便。到清末民国初年，全明山的子孙染上毒瘾，无力守业，楼房开始倒塌毁坏，到 20 世纪 50 年代，剩下两边的横楼房不到 3 间，政府分给李富升居住。20 世纪 90 年代全部坍塌，李富升的孙辈和燕氏子孙共同建修建 18 扇一字长龙的吊脚楼。为方便生活，还起建了郭家湾风雨桥、水碾坊、木榨油坊，随着人口增多在东边又修了天然岩榨油坊，是马头溪、葫芦溪村寨生活设施最完善的古寨子，成为当地土家人结寨建筑规划的范本。

◉ 古村保护

保护规划　2012 年 2 月，为创建“中国少数民族特色村寨”，加强对民居保护，在永定区民委、文物局的支持下，邀请吉首大学张家界学院编制了《王家坪镇马头溪村土家吊

扳爪翘角

脚楼长期保护规划》，建立胜利坪、田家湾、宋家坪、老屋坪、老屋场、龙潭河、西边界、夹金岩 8 个吊脚楼保护古寨，将全村 228 栋吊脚楼及古桥、古槽门列为长期保护对象。

保护措施 签订村、组、户吊脚楼保护责任状，实行村支两委包寨子，组长、党员包楼房。村委会主任是第一责任人，户主是直接责任人，把吊脚楼的保护与村级奖、与政策挂钩。对全村范围内的土家风雨桥、古槽门、水碾坊、木榨油坊、筒车、水车、古井、旱碾、旱磨、碓马、作坊、纺车、织布机、织锦机等民俗建筑和传统生产生活工具、用具进行保护，并实行登记造册，指定专人保护。对全村吊脚楼逐楼登记、照相、编号，建档立卡。根据建筑年代、风格、规模、工艺等，分别办理身份证挂牌保护，将包楼党员、干部、户主的姓名、联系电话上墙公布。对全村 228 栋吊脚楼逐楼检查，根据受损程度，分三批拨付整修资金，对受损吊脚楼进行修缮加固，修旧如旧、风格不变。2013—2014 年重点整修明清时期的古建筑；2015 年整修民国时期的吊脚楼；2016—2017 年整修中华人民共和国成立后修建的吊脚楼、风雨桥和老槽门等民俗建筑。在全村范围内禁止修建砖房，不得拆除吊脚楼修建钢、混结构的砖房。对于保护工作，村委会每年度召开一次村级吊脚楼保护工作总结表彰大会，总结推广保护经验，对先进个人和农户予以重奖。

保护资金 马头溪村寨以吊脚楼保护为主的资金筹措，采取政府为主、社会支持、农户参入三条腿走路的筹资模式，仅 2012—2016 年，先后筹集吊脚楼等保护资金 986 万元。

保护效果 2013—2016 年，完成全村 89% 的土家吊脚楼的修缮加固，粉檐垛脊、

吊脚修复

扳爪翘角，提质升级改造和古桥、古槽门的整修工程。18 栋砖房穿衣戴帽，仿土家吊脚楼改造包装，桐油漆刷复旧，村庄建筑风格整体和谐统一，土家建筑特色突出，人居环境不断优化，成为张家界市土家吊脚楼保存数量最多、保存质量较好的村庄。2015 年国家民委授予马头溪村“中国少数民族特色村寨”称号。

2016 年末马头溪村传统作坊传承人统计表

表 2

组　别	作坊名称	起源年代	传承人	年龄（岁）	传承时间（年）
河宝塔	坊	明代	李东周	48	28
河宝塔	老糖干作坊	清代	李根雄	72	56
西边界	坑田边篾匠编织作坊	明代	李春松	48	32
西边界	坑田边篾匠编织作坊	明代	李善生	75	58
关水坪	榨坊	清代	张金运	62	38
关水坪	水碾坊	清代	郑显兵	61	28
老屋坪	酿酒坊	明代	全刚文	72	46
老屋坪	罐匠坊	明代	欧胜周	70	52
杨家湾	挖瓢坊	清代	姚小光	65	38
关水坪	架椅坊	清代	张官学	81	58
学堂坪	铁匠坊	清代	龚德生	83	53
宋家坪	网匠坊	明代	全立宴	82	61
欧家坪	民画坊	明代	欧进辉	83	58
两河口	瓦匠坊	明代	张美林	68	42
龙潭河	弹棉花	清代	欧光照	78	45
学堂坪	制衣坊	明代	张刚福	82	62
老屋坪	民画坊	清代	欧胜周	70	48
关水坪	篾编织坊	明代	郑树深	85	75
益家界	木匠坊	明代	郑启兵	68	52
关水坪	榨木匠	明代	张胜华	65	38
庄屋坪	阉猪匠	明代	全梦胜	65	42
田家湾	大料木匠	明代	李世坤	69	48
西边界	平锯匠	清代	张华清	62	38
西边界	阉猪匠	明代	张明华	70	50
西边界	大料木匠	明代	李树阶	82	61
庄屋坪	草鞋匠	明代	全松林	79	58

夏季马头溪

精准扶贫

过去，马头溪村因大山阻隔，有能力有学历的人纷纷外出工作或就业，外来的经济发展冲击不到马头溪村。改革开放后的三十多年，特别是20世纪90年代大量农民工外出务工，留守在村中的村民已经是60岁以上的老人，他们接受外界新生事物的能力有限，还是过着自给自足的传统农耕生活。到2013年年末，村中无集体经济，村民们的生活在温饱和贫困之间徘徊，纯朴善良的马头溪人渴望改变。从2014年开始，精准扶贫的春风吹到马头溪村，永定区委、区政府、区纪委和文广体新局等单位，通过调查研究，制定出适应马头溪村村情的扶贫方法和措施，经过村民的努力，取得了翻天覆地的变化，一个新的马头溪村呈现在眼前。

扶贫背景

政策环境　1986 年开始，全国大规模开展农村扶贫开发，从当初解决基本温饱的扶贫标准，到现阶段“两不愁、三保障”的高标准扶贫。摆脱贫困，成为中国农村改革和发展路径选择的起点和动力来源。1995 年开始，国家在中西部贫困地区实施“贫困地区义务教育工程”，改善了贫困地区义务教育办学条件。从 2003 年起，新型农村合作医疗制度在农村建立起来。2007 年开始，先后建立农村最低生活保障制度、新型农村养老保险制度、社会救助制度等，并完善农村五保户制度，初步形成农村社会保障网络。农村农业劳动力的转移对减少农村贫困人口发挥重要作用，农民工群体对城市的发展贡献出巨大力量。通过近 30 年的不懈努力，消除贫困取得举世公认的成就，但长期以来贫困居民底数不清、情况不明、针对性不强、扶贫资金和项目指向不准的问题较为突出。

2013 年 11 月，中共中央总书记、国家主席、中央军委主席习近平到湖南湘西考察时首次提出“精准扶贫 ”的重要指示。2014 年开始，农村扶贫开发全方位转入精准扶贫、精准脱贫模式。2015 年 6 月，习近平强调要科

新建关水坪风雨桥

学谋划好“十三五”时期扶贫开发工作，确保贫困人口到2020年如期脱贫，并提出扶贫开发“贵在精准，重在精准，成败之举在于精准”。“精准扶贫”成为各界热议的关键词。2017年8月，人社部出台减轻贫困人员社保缴费负担、减轻贫困人员医疗费负担等4大社保扶贫政策，全面推进实施精准扶贫十大工程。

贫困现状 马头溪村距离张家界市城区60千米，村域面积34500亩，其中耕地面积2164亩，林地面积31796亩。1993年以来，马头溪、关水坪和两河口3个建制村的中青年劳动力全部外出务工，给家庭带来直接经济收入，成为当时农村家庭摆脱贫困的主要渠道，同时也给家乡的建设带来新的问题。村中仅留老人在家种田、供养小孩上学，村级无劳动力，基础设施建设和公共服务滞后，抗病抗灾能力差。2011年，全村人均收入1390元，无集体经济，无到组公路，只有一间村卫生室。留守在马头溪河两岸的村民身处大山，长期与外界隔绝，对村级组织带领群众脱贫致富缺乏信任，但仍渴望思变。

◉ 扶贫措施

基础设施扶贫 精准扶贫工程实施后，马头溪村基础设施条件得到极大改善。自2014年着手基础设施建设，经过三年多的努力，全村90%的农户已解决人畜饮水问题，丹子洞的泉水主管已贯穿全村。至2017年8月，60%以上的农户实现入户公路全面硬化，溪流沿岸及入户通道全铺上1.5米宽的石板路。新修10.8千米长、5米宽的柏油路面骑行赛道已竣工。建成河宝塔、青山嘴、欧家坪、香约坪4座公路桥，2条村级公路、2条河流沿岸的游道、2条太阳能路灯，李四坪、关水坪、宋家坪3座钢索桥陆续竣工。实施村民住房“穿衣戴帽”工程，对60%的危房实施改造，改厨改厕80户，恢复、新建河坝11座、风雨桥2座，整修渠道5000米，新修渠道600米，整修过溪、过沟小桥900座。

2014年，驻村帮扶工作队筹资110万元，建成马头溪村部。2016年，由永定区交通局投资2500万元，修建溪西岸旅游兼自行车赛道，2017年竣工通车。2017年马头溪至七甲坪公路铺炒沙路12千米，投资约3000万元。发改委与旅游局投资300万元，新建马头溪停车场1.2万平方米。驻村帮扶工作队筹资1200万元，建成马头溪村旅游接待中心和马头溪河两岸石板游道。2016年，旅游局投资100万元，动工兴建马头溪民俗歌舞表演戏台，2017年春竣工。

2016年，马头溪村兴建河宝塔、老屋坪青山嘴、欧家坪、田家湾4座过河公路桥，

两河口健康中心广场

马头溪村公路夜景

可供重型卡车载货越过，并在龙潭河、庄屋坪、田家湾、关水坪修4座可供汽车通过的滚水坝。整修马头溪至河宝塔、龙潭河至关水坪共3500米引水渠道。2014—2017年，新修关水坪、肖四坪、老屋坪、宋家坪、田家湾、胜利坪6座拦水坝，整修马头溪、龙潭河、杨家湾、益家界4座水坝。2017年，全村新建公路38公里，全部实现硬化，受益农户580户。

精准扶贫工程实施以后，西边界、铁匠岗、夹金岩、楚神岗4个村民小组，靠各级政府投入、村民自筹和社会捐赠，修通近20千米的盘山公路，基本达到户户通公路。夹金岩公路西与沅古坪镇盘塘、小溪沟通，西边界与本镇砂子垭村沟通。夹金岩、楚神岗通组公路靠两组村民自筹资金和社会有识之士捐赠完成。西边界、铁匠岗盘山公路靠村镇筹资完成。西边界通组公路，夹金岩、楚神岗公路已基本硬化。

生态农耕扶贫

20世纪60至70年代，为解决粮食困难，村寨毁林开荒种粮，使森林资源遭到很大破坏。90年代以后，国家先后实施封山育林、退耕还林，激发村民的积极性，森林资源得到很好的保护。全村造林2500多亩，成为王家坪镇的林业大村，2016年，国家实施生态林保护工程，每亩山林每年国家补助15元的保护资金，国家森林保护和退耕还林优惠政策惠及广大农户，极大地调动了群众爱森林、护森林，植树造林的积极性。全村森林覆盖率 96.8%，天保工程面积 22769 亩，良好的森林环境，使马头溪村山清水秀，绿水长流，成为湖南省生态村。

马头溪村是一个历史悠久的农耕之村，改革开放 30 多年来，马头溪人仍然坚守着祖辈们留下来的种植和耕作方式，耕田用黄牛，收割用扰斗，种田不施化肥，治虫防病用草药、茶枯、石灰。养殖家禽家畜不喂添加剂、混合饲料，仍然是传统的散养和放养方式。粮油加工采用传统的水碾、木榨，弹棉花、织篾活、打圆凿、倒镰头、土家织锦、土家织布等传统技艺仍广泛流传。虽然种养周期长，产出低，但品质生态绿色、安全，备受市场青睐，售价一路上扬，高出市场同类产品 50%。村里因势利导，办起粮食传统种植加工合作社，扩大生产规模，由原来的产量高、收入少，发展到产出精、效益好，成功探索出传统农耕的脱贫之路，成为张家界市生态农耕示范村。

养殖方面 重点发展土家乌鸡、黄牛、黑猪、山羊、草兔、鹌鹑养殖。利用马头溪溪水的优势发展淡水养虾、黄鳝、泥鳅、大鲵、龟鳖和鹅的养殖。很多山民在农忙之余，邀上三五好友结伴上山狩猎，这样既增加生活乐趣，也能带来一定的经济收入。

种植方面 根据 25 个村民小组所处不同地理位置，进行不同项目的种植。例如西边界、楚神岗组板栗种植，夹金岩种植油茶，关水坪、益家界种植杨梅，宋家坪种植石榴。此外，还发展葛根基地、绿色天然蔬菜基地，种植果树、药材、盆景等。采取村引导、部门扶持、大户带动的措施，由原来小打小闹、农户散养，走向规模养殖、订单养殖，形成农业旅游合一的农村休闲观光产业。

加工方面 借助土家特有的食品加工传统，开发水碾米、木榨油、剁辣椒、老糖干、小锅米酒、土家腊肉等特色食品，所加工的食品以营养丰富、生态环保，备受市场青睐，产品供不应求。为顺应市场的发展，探索增加产品的多元性，制作各种土家酸菜（炸辣椒、酸萝卜、藠菜、酸豇豆等），实现村民“农闲不闲，秋收上岸照样赚钱”。

文化扶贫

马头溪村拥有千年的历史文化积淀，留下了丰富的土家民居、土家歌舞、土家工艺、土家节庆、土家婚俗、年俗、农耕文化和宗教信仰等文化遗产。这些土家文化遗产，不仅是民族文化的瑰宝和精神财富，更是具有很高价值的旅游资源，是强村之基，富民之本。为保护好土家文化遗产，邀请吉首大学规划学院制定《马头溪村 2010 年至 2020 年土家文化保护总体规划》，重点保护土家民居建筑风貌、土家民间艺术风格、土家工艺、传统农

民间歌舞

耕文化习俗、古巷老宅旧貌、宗教禁忌信仰等，对濒危文化遗产实施重点保护。

土家民居建筑文化 土家吊脚楼源于汉代，发展于明清。多为木质结构，皆为依山傍水而建，是土家先民的世居之所，也是马头溪村的标志性民居，被世界文化遗产开发公司总裁迈克尔博士称之为“世界民居的经典”。为加强对土家吊脚楼的保护，制定了《马头溪村土家吊脚楼保护村规民约》《马头溪村保护土家吊脚楼“八不准”“五提倡”》等村规民约。在镇人民政府的支持下，对部分土家吊脚楼进行修缮加固，粉檐垛脊，扳爪翘角，突出土家建筑符号，增强旅游价值。对村中新建的部分钢混砖房，实施整体“穿衣戴帽”仿土家吊脚楼包装改造，使之与村庄民居整体建筑风貌和谐交融。对全村 98 栋（原关水坪村的数据）土家吊脚楼根据建筑年代、建筑工艺办理“身份证”，挂牌公布。实行村、组、户保护责任制，对三级责任人上榜公示，为土家吊脚楼贴上“护身符”。

土家歌舞文化 马头溪村是土家歌谣发祥地，放排歌、打夯歌、哭嫁歌是土家民歌的当家歌，弥足珍贵。马头溪两河口的傩文化源远流长。为传承与发扬这些民俗艺术，成立艺术团进行民俗表演，游客可付费观看，大小活动时亦可自娱自乐。同时，抢救保护土家织锦、织布、刺绣、挑花、编织（草鞋、草帽、蓑衣、鞋垫）等民间工艺，让这些工艺产业化、产品畅销化。

民俗节庆文化 境内土家族有农耕节庆和祭祀节会的习俗，经常举办土家千人糊仓节、榨油节、割谷节、狩猎节、耕牛会等活动。每年举办一次民间体育竞技比赛，把民间的一些体育活动项目加入进来，例如骑脚马、跳绳、踢毽子、扭扁担等。既丰富了群众文化生活，促进了村风民风建设，又增强了民族团结，带动了经济增长。

耕读文化 加强对马头溪村耕读文化的保护和传承，形成“一寨一书屋，一家一书柜”。恢复两河口、益家界的私塾教育，建立李尧故居陈列馆、郑国祥陈列馆，让村民不仅能够种田养家，还能修身养性，提高生活品质。

水道文化 历史上，水道是马头溪通向外界的主要通道，因此形成了马头溪村独特的溪水文化。马头溪放排历史悠久，有放排歌，放排号子。在传承古水道放排文化的基础上，增加了水道景观，沿途有风雨桥、拦河大坝、筒车、钓鱼台等。经常举行一系列的溪水活动，例如：手摸鱼、拖草网、捞兜捞虾、捉团鱼等，展现溪水文化的魅力。

旅游扶贫 马头溪村山川壮美，林奇谷秀，境内森林植被渔业资源丰富，高含量的负氧离子如同天然氧吧。在全国发展乡村旅游的大背景下，旅游扶贫成为全村脱贫致富的主旋律，打造旅游景点成为旅游扶贫的重中之重。

在做好保护工作的前提下，多方筹资对老屋坪郑国祥的内外两重槽门进士楼、胜利坪李尧的双手推车吊脚楼、明清时期的商贸古道、清初年间盐帮古道的“品”字桥、南武当、济公界古庙、寨子抹、大垭湾古城堡等一大批文化古迹，进行开发与修缮。

为发展乡村旅游产业，制定“民俗文化搭台，乡村旅游富民”的发展目标，依托浓郁的民俗资源、良好的生态环境，重点发展具有马头溪特色的“一楼、一歌、一舞、一渔、一花”的乡村旅游产业。基本形成以土家吊脚楼写生绘画、影视拍摄、居住体验为主题的文化产业，以土家歌舞、民间体育竞技为主要内容的娱乐产业，以垂钓、油菜花长廊观光等为主的农业休闲产业，使马头溪村乡村旅游从无到有，从小到大，后发赶超。2012 年，马头溪村接待游客 1.2 万人次，实现旅游收入 8.5 万元。2016 年，接待游客 18.5 万人次，旅游收入 1200 多万元，成为张家界市的旅游强村，村民说“种田吃饱饭，旅游吃好饭”。

金融扶贫 金融扶贫是党和国家对贫困地区、少数民族地区扶贫攻坚的重要举措，马头溪村村民抓住这一机遇，积极争取国家贴息贷款，向农业银行、农村商业银行申请种植、养殖加工等创业资金。至 2016 年，马头溪村 89 个农户申请到银行贴息贷款、创业资金 528 万元，发展传统种植、传统养殖、古法加工，其中 68 个农户当年还清贷款脱贫致富，18 个农户扩大生产规模，成为种养、加工专业户和创业示范户。马头溪村借助国家金融扶贫政策，结合本村实际，小富到大富，大户带农户，使村民走上共同脱贫致富的小康之路。

◉ 产业扶贫

种植生态粮油 成立水稻种植专业合作社，全村水稻种植面积 1500 亩，实行以奖代补，激发群众的种植热情，培育生态农耕模式。在宋家坪、欧家坪、胜利坪发展 500 亩油菜基地和 1500 亩优质稻基地。夹金岩与楚神岗两村民小组共有水稻田 110 亩左右，因山高温差较大，所生产的水稻米质优良，出米率 70%，年产优质稻谷 5 万千克。村民种植水稻讲求传统耕作方式，多以农家猪牛粪、厩肥、火土灰、枯饼作底肥栽种，少打或不打农药，多数农户因未施化学肥料，水稻无疯长、陡长、倒伏现象，籽实金黄，空壳率很低，稻米质优良，口味清香甘甜，黏性适度。马头溪村夹金岩村民小组土质红壤，肥沃优质，日照时间长，雨水丰沛，自然地理条件特殊。境内有自然生油茶林 50 多亩，茶果丰满，油质好，出油率高，因无劳力培育采摘，荒芜一片。2017 年，经村委会与永定区林业局联系，在原茶林的基础上增扩 50 亩，建立 100 亩优质油茶基地。

培育特色基地 马头溪村夹金岩地广人稀，林木丰茂，野生瓜果资源品种繁多，每逢秋收时节，便有大量行人游客穿行于山间小路之侧、林间荒野之中，随手采摘猕猴桃、八月瓜、羊奶子等野生瓜果；也有外地村民背着背笼，挎着小刀，边走边捡路边开裂的板栗、锥栗等坚果。野生板栗尤以毛板栗、油板栗著称，可拌糯米饭煎炒，可炖乌鸡肉作汤。随着乡村旅游的兴起，政府引导村民将野生瓜果资源品种，移至自家房前屋后或旁边的空坪隙地上栽种，远远望去，家家户户一片林海果园。

2016 年冬和 2017 年春，村委会规划种植了杨梅基地、石榴基地和樱桃基地。全村先后发展瓜果基地 300 亩，村里成立合作社，按实际占用农户的面积，以每亩每年 300 元的标准补偿给农户。基地范围内不分大田小田，住户只留菜园，田边地角、空坪隙地栽上果树，果树下喂养家鹅，既利用家鹅除草，又实现有机施肥。这样既解决了田土抛荒，又促进全村的发展，达到村集体与村民双赢的目的。

西边界有数十亩百年古木，林中遮天蔽日，野生木耳资源丰富。野生木耳的孢子飞散在林中的枯枝主干或树蔸上，气温上升到 17℃以上，雨水飘洒过后，便可在林中采摘。为帮助村民脱贫致富，村里成立了西边界野生木耳种植基地。村民对木耳种植很有经验，在头年冬腊月伐木，锯成 1.5 米长的断木，搬回家后堆放在阴凉干燥处，避免雨淋，并在断木锯口涂抹石灰水消毒，防止杂菌种籽侵入，来年春季散木接种，再有序堆放，三四月间气温上升后散放在阴凉处适量浇水，让断木滋生木耳。接种断木以硬质木材为佳，可保质 1 ～ 3 年内生长木耳。西边界适合木耳生长的自然条件优越，断木采取方便，木材木质呈多样化，适应木耳栽培，野生木耳基地建成后，给当地村民提供一条增收渠道。

创建食品品牌 马头溪村地处大山深处，气候条件优越，村民历来以生态农耕方式进行传统生产和加工，生产的农副产品都属有机食品。由于农副产品价格低廉，本村农民实行自给自足，很少有人进行买卖，造成农副产品交易不景气，农民增收不明显。为活跃农产品生产，增加村民收入，保证优质农产品本质，由村委员牵头，注册了以“水碾米”“木榨油”为主打品牌的马头溪有机食品品牌，品牌内包含有蔬菜类、粮食类和猪、牛、羊、鸡、鸭、鹅等肉类，商标注册“马头溪”“关水坪”。

发展庭院经济 庭院经济是马头溪村一项重要的家庭收入，村民利用房前屋后的空坪隙地，修建牛栏、猪栏，建鸡舍，发展牛、猪、羊、鸡、兔的养殖，种植水果、蔬菜。一方面可解决家庭食用，另一方面利于出售增加收入。随着马头溪乡村旅游业快速发展，游客对庭院食品需求量越来越大，村民大力发展立体种养循环庭院经济，使马头溪村庭院经济从自给自足向市场化发展。2016 年，马头溪村庭院经济人均收入 6800 多元。

◉ 扶贫方式

社会扶贫 马头溪村是历史悠久的民俗文化村，如何将这一优势转化为发展潜力，改变马头溪村面貌，帮助村民早日脱贫致富，一直牵动社会各界人士的心。2010 年，张家界市摄影家协会组织 20 多名摄影师到马头溪拍摄马头溪村山水风光，民俗风情。2012 年，湖南省摄影协会组织 30 多名摄影师到村摄制土家吊脚楼等民俗作品，宣传马头溪，争取社会关注马头溪。2012 年，张家界古韵今风规划设计院为马头溪村制定马头溪文化保护、旅游发展规划，设计土家风雨桥建筑。2016 年，长沙畅想农业有限公司带资金、带项目到马头溪发展鹌鹑养殖。张家界市残联、市文联，民盟、九三学社等13个社会团体和民主党派各界人士以及本村在外工作、经商、务工人员等，在资金、项目、技术、设备等各方面给予马头溪大力支持。社会扶贫成为马头溪村脱贫致富的重要力量，使马头溪村逐步走出困境，成为经济强村、旅游名村。

驻村帮扶 驻村帮扶原为建整扶贫形式，实行单位对贫困村进行驻村帮扶。2013—2014年，原马头溪村由永定区纪委工作队进驻，将基层组织建设、基础设施建设、基本产业发展、基本公共服务“四基”作为重点工作内容。2015—2016年，原关水坪村由政府办带队进驻。2015—2016年，原两河口村由永定区文广新局牵头进驻。2016—2017年，马头溪、关水坪、两河口3村合并成马头溪村后，由区委办牵头进驻，成为永定区委书记祝云武的精准扶贫联系点，将产业扶贫、基础扶贫、新村扶贫、生态扶贫、能力扶贫五项工作作为重点。

结对帮扶 马头溪村自2014年实行精准扶贫以来，通过结对帮扶效果明显。全村人均收入2014年为1750元，2015年为2180元，2016年为2620元。对260个农户的危房进行了改造，其中2015年改建105户，2016年改建70户，2017年改建85户。产业扶贫方面，成立张家界关水坪土家织绣专业合作社、张家界文超山羊养殖合作社、张家界关水坪粮食种植合作社和张家界关水坪明海家庭农场，吸收建档立卡的73个贫困户加入合作社。兴建300亩杨梅、石榴生产园，69个贫困户被吸收为员工。127个贫困学生享受阳光助学资金，每年可获13.1万元助学金。关水坪村民小组村民郑云松，妻子早亡，常年疾病缠身，无法劳作，2015年享受国家两女孩帮扶政策，维持生活。全村建档立卡贫困户，2014年212户638人，2014—2016年脱贫137户429人，2017年脱贫35户124人，低保兜底户6户15人。

自主创业 马头溪人历有自强不息、不等不靠的精神。为尽早脱贫致富，村民自发盘活储蓄，把资金投到种植、养殖、加工生产上，发挥资金的最大价值。从2012年起，马头溪村村民投入种植、养殖、加工和其他创业资金800多万元，人均超过3000元。结合自身优势，选准脱贫路子，山界农户主要以黄牛、山羊、土鸡养殖为主，溪河农户主要以粮油种植和传统加工为主，民间艺人、各类工匠则发挥自己的一技之长脱贫致富。通过自主创业，自我就业，整体推动了马头溪村群众脱贫致富进程。全村72个贫困家庭依靠自我发展、自我造血脱贫致富，没有依靠国家扶贫资金和优惠政策。

链接：

马头溪村杨家湾组知识青年龚安平，大学毕业后在深圳一家外资企业工作，年收入近10万元。2013年他辞职返乡创办企业，投入20万元在村内办起生态养鸡场。选址大山坡上，没有人烟，森林植被丰富，通风向阳，有一处清凉不枯的山泉。他采取早放晚收的传统养鸡方法，不喂饲料和添加剂，任其觅食野虫野果，山草树叶，都是本地土鸡种，所养殖的土鸡和蛋，外地多个老板与他签约承销合同，鸡蛋价格从每个0.8元涨到2.8元，2014年收入5万元，2016年达到12万元，养殖规模不断扩大。

◉ 扶贫探索

4年的精准扶贫，马头溪村的成效显著。解决了留守老人养老、留守儿童教育、稻田抛荒，以及村民看病难、孩子上学难等社会问题，成为下一段扶贫攻坚的主要任务。2017年上半年，根据马头溪村的自身特点，经过对全村100多户农户的走访调研，村党支部和村委会积极探索适合马头溪村情的精准扶贫路子，提出一系列新设想，并完成初步设计。

特色农业村寨

古村寨恢复建设 进一步修缮加固村民土家吊脚楼，完善夹金岩岭上公路、村民入户道路硬化及村寨户与户之间的石板路建设。恢复重建商铺店面、医馆学堂、水车筒车、庙宇宝塔、郑国祥进士楼吊脚楼群、老屋坪两层民俗展演风雨桥，修缮加固李尧故居吊脚楼。修整南武当山三条上山公路，修建南武当山观景台、夹金岩摄影台、青土峪和观音堂森林游道。

村寨环境建设 搞好村寨周围的环境绿化，修整田埂、院落；搞好农户家粪、洗菜水进入菜园、入稻田沟渠建设，洗衣、洗碗水进入污水处理设施的基础建设。

民俗文化建设 进一步挖掘土家民俗文化，培养新一代民俗传承人。根据时令节庆定期开展民俗活动，将传统农耕与民俗文化融合，将道德情操、家国情怀和耕读文化融合，通过民俗活动显现出来，增强凝聚力。

稻田统一流转 凡农户稻田由村集体统一流转，山坡月亮田实行传统农耕方式，种植品种可根据实际情况而定。农田定期放养蝌蚪和鱼苗。

山地农户自营 凡山林和耕地由村里统一规划，村民自主经营，山坡闲地种植花生、红薯、玉米、凉薯、西瓜、菜瓜、香瓜等杂粮和瓜果。吊脚楼周围栽培山胡椒、六月椒、枣子、桃子、李子，枇杷、百果、板栗、核桃、石榴等果树，也可套种土伏苓、乌蒜、麦冬等药材。菜园种植芋头、南京姜、洋合、生姜四季菜和时令蔬菜。路边及房屋院墙栽种兰草花、指甲花、鸡冠花、月季花等花卉。构成“肥猪睡圈楼，牛羊坡上叫，鸡狗到处跑，鸭鹅在树下，山沟稻田养鱼，房屋檐下放蜂”农村景观。

建设道路瓜果带 东线道路延伸到农户石板路两旁，配种四季瓜果：春天有蜜蜜、半川、三月泡、茶泡等；夏天有野生樱桃、空心泡、龙船泡、田埂泡（莓）、野百合；秋天有猕猴桃、洋奶子、八月瓜、板栗、地枇杷、五味子、柿子、桢子、麻鱼子、野葡萄、苕儿；冬天有枴枣、酸枣、木瓜子、皂果、葛根；四季间栽八月桂。

产业基地建设 青土峪以香椿、龙须菜、车前草为主的野菜采摘基地，陈家峪野生岩蛙养殖基地，夹金岩油茶基地、西边界野生木耳基地。

智慧马头溪

智慧农业 溪河两边成片稻田实行机械化种田、智能化管理。春天种油菜，夏天种粮食，田边标注农业技术员姓名，负责测土配方、虫情测报和技能指导等，使用有机肥和无毒农药。

智慧管理 完善农户信息资料，建立农户基本信息网络平台，随时保持资料更新；建立村级管理服务平台，实行智能管理模式；建立旅游信息服务平台，随时与外界保持联系；建立社会服务网络平台（主要针对空巢老年人和留守儿童）；建立电子商务平台，实行进出商品物联化。

智慧民居 在保持土家吊脚楼整体风貌不变的前提下，修整保留土家火坑屋和灶房，对民居的用水、用电、用气、用火和卧室进行智能化改造，让村民和游客在马头溪村不仅能享受到大自然的天然氧吧，也能感受到新农村的便捷。

农民福利地 建立村级福利中心，配备老人和儿童活动实施，地址选在幼儿园旁边，让老年人弥补儿女不在身边的孤独，让留守儿童获得缺失的爱。与电信公司联系，在村部统一配置网络传呼器，使不方便行走的老人，或出现突发事件需要帮助的人，能够随时与村里服务中心人员取得联系。

成立马头溪公益基金会，基金的管理由基金委员会负责。筹集方式分为：马头溪村商业、企业的收入提成；外来商业及其他人员的捐助；村级集体经济收入的提留；村入农副产品网络平台收入提成；乡村旅游收入提留；受惠人员还款收入等。公众基金支出方式：基金支出仅限于重大疾病、自然灾害和孩子上学三项内容，支出的条件由全体村民公开评定，基金实行有期借用，到期还本，具体时间根据实际情况由本人申请，村民评定，继续发扬增强村民团结协作、互帮互助的优良民风。

建立村级卫生室，由村集体经营，不以营利为目的，使村民做到小病不出村。定向培养村级卫生员，完善马头溪西医卫生室，恢复建设两河口民间中草药医馆。

建立马头溪学前教育班，开设幼儿基础课、国学教育、民俗表演、琴棋书画、农业科技和农作物基本常识等课程。

成立民俗、农业、乡村旅游等各种协会组织和服务机构，由协会进行专业培训和管理。

乡情教育 开办一所初级小学（1 ~ 4 年级），实行室内教师授课、网络视频教学、田间地头科普和民间艺人传承相结合的教学模式。以湖南省统一语文、数学为基础教材，以《王家坪镇志》和《马头溪村》为乡情教材，增开国学、礼仪文化、书法、民歌、民族表演、乐器等专业特长课，配合耕读传承和乡村旅游进行演出。

此举不仅培养了学生的家国情怀，促进了他们德、智、体、技、能的全面发展，更减少了学生家庭因上学产生的往返交通费、家长陪读误工费、伙食费、租房等相关费用，真正将教育扶贫落到实处，达到教育扶贫的目的，让马头溪村重新焕发出新的生机和活力。

1986—2017 年马头溪村驻村帮扶情况表

表 3

时段	建扶村名称	时间	后盾单位	组长	投资金额	建设项目
1986—2016 年	马头溪村	2005—2006 年	区畜牧局	孙林贤	40 万元	新修铁匠岗、西边界公路 5 千米，建集体经济板栗园 10 亩
		2013—2014 年	区纪委	舒洪波 钟发友	380 万元	新修到组公路 3 千米，硬化 4 千米，建村部、改客栈，修拦河坝
	关水坪村	1993—1994 年	区教委	王立章	10 万元	学校、活动场所硬化，买一艘挖砂船
		2015—2016 年	区政府办	祝云武	430 万元	修风雨桥、入户公路 10 千米，整修、新修拦河坝 4 处，旅游接待中心，杨梅园，传统文化保护
	两河口	2015—2016 年	区文广新局	郭宏升 杨若飞	800 万元	新修组道 8.5 千米，水渠 2000 米，小桥 3 座，河堤 500 米，恢复油榨坊 1 处，改造客栈 1 处
2017 年	马头溪、关水坪、两河口三村合一		区委办	祝云武	3200 万元	新修单车游道 10.8 千米，完善接待中心 950 平方米，硬化道路 20 千米，修复贸易古道 21000 米，修建大型停车场戏台 300 平方米，公路桥 4 座，路灯 550 盏

乡村旅游

自2010年以来，马头溪村加强土家文化保护，生态环境保护，借助丰富的土家文化，良好的生态环境，优越的交通区位，大力发展土家吊脚楼写生绘画、影视拍摄、文化产业、土家歌舞、土家年俗、土家婚俗、民间体育竞技文化娱乐产业，以及万亩油菜花生态长廊观光和十里马头溪垂钓农业休闲产业。旅游产业从零起步，扬帆起航，2016年接待游客突破16万人次，旅游收入突破800万元，人均收入首次达到6800多元，群众说："种田吃饱饭，旅游吃好饭。"

◉ 红色旅游

红色线路 马头溪村境内的红色线路主要是马头溪的贸易古道路，即村寨石板路，土地革命战争时期，红军曾途经此路。以三天旅行为例：

第一天：张家界市内出发—马头溪“品”字风雨桥—村寨石板路—李氏老糖干作坊—老屋场—关水坪村寨双碾双榨作坊—老屋坪郑国祥故居—半边街特色小吃—周家坪郑国祥简易墓碑—两河口无名红军墓—两河口风雨桥—宿凌峰家庭农庄。

第二天：胜利坪—紫荆塔—龚家湾—郭家湾红军桥—李富声土家吊脚楼—宿明峰家庭农庄，举行农耕节庆活动。

第三天：将军洞—泰山庙—西边界，参观何方夫妇旧居，游千年古树群落—华清农家乐，品农家饭，返回张家界市内。

红色景点 马头溪境内红色旅游景点主要有：贺龙情报员、地下党员欧开修故居；李氏三百年老糖干作坊——曾为过路的红二、六军团官兵相送老糖干食品及茶水点；关水坪村寨双碾双榨作坊——曾为红军送水碾米、木榨油；两河口无名红军墓；当地群众为过路红军提供茶水、草鞋的临时供应站旧址；龚家湾明代石拱桥（红军桥）——红二、六军团长征转移经过地；郭家湾清代建筑——中共湘西北地下工作站；郭家湾土家风雨桥——中共湘西北地下工作站站长、贺龙联络员全德主曾在此工作；郭家湾红军茶水草鞋供应站，红军住宿的李富声土家吊脚楼；将军洞——红二、六军团从桑植出发长征转移到马头溪休整临时指挥部；西边界——随贺龙参加革命的青年何方夫妇旧居。

链接：红色故事

捉“壮猪”

“壮猪”是马头溪人对“肥猪”的改称。捉“壮猪”不是实质捉猪，而是红军抓地主恶霸。1934 年，红军从王家坪砂子垭胡卢溪沿溪而下，经过马头溪去往沅陵县七甲坪镇。红军战士们个个背着背包，头戴斗笠，脚穿草鞋，排着长长的队伍。当地的人们未见过红军，不知道发生了什么，家中有强壮劳动力的人拖儿带女拼命向山上躲藏，怕被抓了“壮丁”或带来什么意想不到的灾难。只有那些富户、地霸站在路边看热闹，甚至有穷凶极恶的李占文（李世标）召唤狗子追赶，并向空中鸣枪，一时冲乱了红军队伍。红军当即将此二人抓了起来，随队押走。没走多远，有一名叫张毕从的人，得意扬扬地去阻拦红军行进队伍。红军一同将此人押走。待红军在七甲坪镇伍家湾全氏祠堂宿营后，了解所抓三人的具体情况，得知张毕从血债累累，决定将其处死，另二人押到常德后释放。此举被人们说成是捉“壮猪”。

两河口“土地神”

马头溪村学堂坪组的大山脚下田的边沿，立有一块石头小碑，封此碑为“土地神”。1935 年 11 月，贺龙率工农红军由此路过，一位红军战士在澧水之战中受重伤，抬到此处光荣牺牲，就地掩埋。解放后人们得知此处埋的是红军战士，村民王建湘带头在此坟前立了一个简单的石碑，并向人们传说这是“土地神”。此后，当地村民到自发到此地祭拜，祈求全家平安无事。至今小碑完好无损。

西边界的传说

西边界位于马头溪村西边界组。1935 年 11 月，贺龙等率红二、六军团从桑植出发开始长征，突破国民党澧水防线，一路向沅陵挺进，进入马头山地区的王家坪境内。为补充给养，休整部队，便在人迹罕至的野猪垭安营扎寨，为防敌军来犯，贺龙命令将部队分为东西两边进行驻扎，临时指挥部设在野猪垭的西面。红二、六军团在此休整几日后，便向沅陵方向开拔。红军部队纪律严明，不拿群众一针一线，还帮老百姓挑水、劈柴、干农活，深得群众的拥护。为纪念红二方面军长征北上抗日，缅怀贺龙将军，当地群众将野猪垭改名西边界。

将军洞

葫芦溪发源地落水洞，是当年贺龙率红二、六军团北上抗日休整部队的临时指挥部，后更名“将军洞”。葫芦溪的中段是郭家湾土家风雨桥，是当年贺龙建立湘西北情报工作站之桥，贺龙联络员全德主任站长，曾为红二、六军团战略转移发挥重要作用，后更名“红军桥”，是大庸、慈利、沅陵、桃源边界四县红色教育基地。

十六块大洋

贺龙少年时代赶马运盐行走湘鄂川黔边境，常住马头溪村欧开先家中。欧开先的妻子龚世菊是个念经拜佛看相者，断言贺龙将来富有出息。一天，当地土匪头子宋保青带着一帮人来到欧开先的家中，说云卿（贺龙）不是堂上之子，不仁不义，把他裁了（即加害贺龙）。欧开先马上站起来抗拒，说：“你们要杀他就先杀我。”从而免除悲剧的发生。此后，贺龙离开欧家。1935 年 11 月，贺龙率红二、六军团长征北上，途经马头溪自生桥，部队休息期间，贺龙向村民欧克明打听欧开先的下落。得知欧开先夫妇早已经去世，贺龙给欧克明十六块大洋，并嘱其找到欧开先的亲人速来见他。事后，欧克明找到了欧开先的两个儿子，急去见贺龙，因为走错了方向，遗憾返回。

◉ 自然风光游

森林探秘 青土峪是一个十里无人烟的林海。据林业部门统计，杂木林占 50%，用材林占 30%，经济林占 10%，其他灌木林占 10%，有 26 种树种，春季地下有百合、薯类，地上有草莓类；夏有野桃、野李、八月瓜等；秋有板栗、猕猴桃等多种野果，是野猪、麂子、山羊、兔子等野生动物出没的地方。沿途景观众多，最出名的是“白岩塆”。“白岩塆”并不是真的白岩，而是一些灰白色的藤条攀在 4 米多宽的岩壁上，在太阳光的反射下，与周围的红土壤形成鲜明对比，如同白岩壁。有风车口，是夏季路人歇息的好地方。顺沟而上是清代进士、昆明知府李尧的墓地，石条罗围，拜踏前有两块丈高的岩围子，雄伟壮观，此地后人命名为“李尧咀”。过咀就到田家湾，路过一片椿树林，春天新发的椿树芽，作为食菜，清香可口。走过横码来到视野辽阔、白云缭绕如入仙境的百老界，可见百岁老人的墓碑，书有“十八男儿游天下，日出胡桑（地名）是我家，鸡叫狗咬都一样，语言不同字不差”的碑文。顺界而下到黑岩壳，约30平方米，历来是兵荒马乱时期，躲兵躲壮丁的好去处。过山岗，穿林海，从峪口到相约坪赛道站台，全程15千米，徒步约8小时，适宜一日游。

观音堂万亩森林，是指自夹金岩至田家湾，以马头溪河流为界，10多千米长的半边山坡。这万多亩的山坡上，森林覆盖率100%。观音堂的树木品种多，靠河岸的岩坎生长着常绿灌木林，无论春夏秋冬，都是一望无际的青翠欲滴。这些常青树虽不高，但树冠圆而美，远远望去，形似无以计数的碧绿色的雨伞，其形状各异，参差不齐，错落有致。山腰至顶端，多以松、杉、椆木、椿、麻栗树等落叶树为主，由于土质好、水分足，这些树都长得非常茂盛。一些陡壁上长满了小树，爬满了青藤。观音堂的板栗树多，几十棵甚至上百棵连成一片。每到板栗成熟的季节，马头溪村的村民们背着背篓，提着袋子，成群结队，翻山越岭，一时间，观音堂的歌声、笑声响成一片。阿哥树上打，阿妹树下捡，隔三岔五地喊一句“阿哥好神些（小心点）”，待到夕阳西下时，大家满载而归，好不欢喜。观音堂有数百种树木、花草，森林里飞禽走兽随处可见，纯天然的野菜野果，品种多、数量广，是马头溪村生态环境保护的重点区域。

溯溪访古　古色古香的风雨桥，是自然天成的自生桥，桥在半坡上，位于溶洞的出口处，且连续两座。桥又高又大，弧度对称，完全像人工建造的石拱桥，桥上树木苍翠。春天上南武当观景台看景，感受南武当庙当年的晨钟暮鼓，曾经的沧海桑田，老道面壁的寺后，古松迎风，山茶花、映山红热烈地绽放着。大垭湾的燕岩，在马头溪村部接待中心的背后，矗立在上坡不到300米处的一块小坪地上，周围无岩石泥土连接。燕岩高大，甚至可以在上面修一栋四扇的木房，岩石四周如刀切一般，只有靠河边的一方有浅而长的岩壳，那就是燕子的家，故称燕岩。岩下方还有一股干旱却不断流的泉水，多少传说神乎其神。更值得去寻觅的是西边界、百老界的古树群，西边界的古树群有上百棵，最大的需4人牵手围，有的树上

马头溪畔

马头溪风光

还会寄生另外的树种。

踏青赏花 春天，马头溪百花绽放，最具特色的是樱桃花。樱桃花是山花中盛开最早的花种，被称为“争春第一花”，长满高山大坡，河川田园，生长在各种林木之间，房前屋后，有着极强的生命力。油菜花是马头溪的花中之王。阳春三月，十里马头溪万亩油菜花迎春怒放，给河川涂抹上一片金黄，溪边山湾的土家吊脚楼掩映在繁花丛中，吊脚楼下传来狗叫鸡鸣之声，土家汉子的放排歌、油工榨油号子在河川回荡。

休闲垂钓 马头溪发源罗峰山深处，人烟稀少，村寨没有工业，水质优良，桥美

水清，溪流随地形的变化而变化，时宽时窄，时深时浅，水流也随之时急时缓，时绿时淡。渔业资源十分丰富，春天古树发芽，不同地方的钓鱼爱好者就可以开钓了。为发展垂钓休闲产业，村里将马头溪沿溪两岸建起 800 多个杉皮钓鱼亭台栽竹植柳，每个亭台都有快餐服务电话，24 小时提供快餐服务，成为都市人群钓鱼休闲理想之地。有的还带着帐篷露营在沙滩、河洲，钓上三五斤河鱼，满载而归。近年来，马头溪为保护渔业资源，制定了《保护渔业资源的村规民约》，溪里的鱼只能钓，使鱼类生态得到良好的保护。

马头溪边

返璞减压 自马头溪村益家界钢索桥上行20步，有一座四角凉亭，亭高八尺，六尺见方，红瓦红柱，小亭一面临水，两侧有两尺多宽的水泥小径伸向河的两端，小亭坐落在柳荫深处，上方的河岸有一片翠竹。翠竹多娇，随风舞动绿叶沙沙作响。亭前碧水清潭，金色的霞光落在河面上，一阵阵细碎的涟漪从河心涌过来，一时间清波叩岸，金鱼戏水。凉亭的下游处，有一大片玉白色的沙滩，有游人野炊，青烟袅袅，飘飞无定。

马头溪水

亭中立四条长凳，供游人休闲纳凉，亲近自然。

云雾徜徉 马头溪气候随四季不断变化。总体来说，随着大自然时节的转换，晴阴雨雪，没有常态。春季时雨时晴，土地湿润，青山绿水，万紫千红，气温 10℃ ~ 20℃。夏天到来后，虽有烈日，但有习习河风，不觉太热，早、晚均在 20℃上下。金秋时节，天高云淡，丹桂飘香，雨天较少，气候凉爽温和，各种农作物以及瓜果类成熟了，空气中透着清香。来马头溪休闲旅游的人络绎不绝。到了冬季，偶有降雪，但只有南武当和观音堂有积雪，沿河两岸由于海拔低，雪消融很快，有时虽有积雪，但不是很厚，消融也快。新雨初晴，早晨 6 点多钟，山下的马头溪，全罩在雾里，远近的山峦，只露一些圆圆的山头，望不到边。随着时间的推移，半山的雾，慢慢散去。然而不多久，山雾再起，整个马头溪又笼罩在雾里。在西边界上观看马头溪的云雾，像海潮一样，每日清晨有三潮三落，一次比一次淡、薄，灵动飘逸，富有诗意。若在西边界上看雾，一要早，二要耐心等待，而要看到雾的三潮三落，通常要等几个小时才能见到奇观。

瀑海听涛 马头溪沿河两岸有多处成片柳林，在柳荫深处，有几间稻草小屋。稻草屋高 2.5 米，长 2 米多，宽约 1.6 米，方便前来临溪垂钓的人们休息。人们漫步柳林间，听潺潺水声，看清波渐涌，智者乐水，仁者乐山，体会融于自然的况味。

马头溪晨雾

◉ 农耕体验游

农耕景观 马头溪的土家先民依山造田而作，顺溪筑坝而灌，留下了西边界、马头溪、益家界、胜利坪、朱家岭等山坡梯土梯田，胜利坪、宋家坪、田家湾、关水坪、夹金岩等古沟老渠，两河口、宋家坪、周家坪、老屋坪等防洪码头，河宝塔、李四坪、欧家坪、郭家潭、胜利坪过河石墩，马头溪、龙潭河、杨家湾、老屋坪、学堂坪、田家湾等拦河古坝。为传承农耕习俗，发展旅游产业，马头溪人仍然保持着传统的劳作方式，使用古老的生产工具，守护着古朴的家园。

稻油轮作，农游合一。马头溪水源丰沛，日照充足，气候温和，土地肥沃。早在唐宋年代村寨就开始种植油菜，为充分利用有限的土地资源，采取春种稻、冬种油菜的轮作方式，为农户带来了丰厚的回报。近年来，马头溪借助这一传统种植习惯，采取连组结户不留闲田隙地种植油菜，形成十里万亩油菜花生态长廊的田园景观，吸引八方游人踏春赏花、摄影绘画、度假休闲。

稻谷金黄，田野飘香。进入秋季，是马头溪收获的季节，十里马头溪上万亩稻田谷子熟透，田间一片金黄。村民们抬着挞斗，挑着箩筐，背着背笼，喊着号子，载歌载舞，庆祝一年一度约定俗成的土家割谷节。先由德高望重、年龄最大的老农夫开镰割下

土家人生活

黄牛耕田

第一把稻子，这时田野的喊山号子、土锣大鼓、割谷的咔嚓声、板谷的咚咚声一齐奏响，汇集成令人心醉、喜庆丰收的交响乐。自打开镰之日，马头溪村每天会有上百张挞斗下田、千人割谷的壮观农耕景象。

马头溪边吊脚楼依山傍水、雕梁画栋、扳爪翘角、古型古色，用椿树、枞树、杉树、梓木树做柱头、装板壁，冬暖夏凉、通风防湿，木头散发的木质香气使人神清气爽。

农耕活动　马头溪村是个以农业为主的山村，各种农耕活动在相应的农事季节均可体验。春季可收割、翻晒油菜，揉油菜；夏初可参与春插、开秧门，感受糊仓的热闹场景，吃砂罐熬腊猪脚、土钵炖土鸡——关水坪老屋场吃盖面肉，参与“赶仗”“关猪”等春插细节竞技活动。观看采茶歌、蓑衣舞等土家农耕歌舞表演。同时亦可在老农的指导下，扶犁掌耙，尝试老黄牛耕田的百般技巧或用现代整耕机在田野体验耕作的快乐。

夏季扛一柄锄头，戴一顶草帽，随百十人劳作人群在山野听薅草锣鼓，跻身锄草人流，挥汗如雨。

秋季，红土地里，三五十块钱的红薯自挖自采，也可扛一袋回到城里。看土家扬叉舞及各式的乡间体育竞技比赛，听土家山歌，尝新米，品新酒，吃腊肉。

大雪纷飞的冬天，村民们则围在火炕边，话家常、打糍粑、蒸叶儿粑粑、炒炒米。满目农家民俗寄托着村民们的乡情与乡愁。

写春联

贴春联

吃拜年饭

喝拜年酒

蔬果采摘 马头溪村地理自然环境特殊，境内瓜果种类丰富，品质优良，且家家户户有在房前屋后种植果树的传统。春有桃、李等果子；夏有枇杷、早梨等；秋有金秋梨、板栗、酸枣等；冬有雪花梨、拐枣等。除了各种家植果类外，还有大量的野生果类，例如樱桃、山李、野桃等，特别是秋天，是野生果类成熟的旺季，历有“七月羊桃（猕猴桃），八月瓜，九月栗子打哈哈”之说。因采摘有限，大量的野生果类成为野生动物的食源，因而入秋后是野生动物养膘越冬的关键季节。不用农药。若有虫害，就乘早上露水未干，撒干火灰，既追肥又能扑灭虫害，纯属绿色食品。为满足游客品尝采摘，2015 年，马头溪村委员采取土地流转，村民入股，联片开发，建成益家界 300 亩杨梅采摘园，两河口 200 亩石榴采摘园。筹划建立

八月瓜

板栗

西边界千亩板栗生产基地，夹金岩 500 亩半斤梨生产基地，21 千米沿溪徒步道八月瓜采摘带，平衡四季果类采摘，使鲜果采摘没有淡季，吸引八方游人来村采摘体验。

马头溪村是农业生态园，各种果蔬应有尽有，凡是来马头溪观光旅游、休闲度假的游客都可以到各农户自选农副产品。马头溪村最有特色的是腊肉、猪脚、猪肝，均由土家族传统制作方法制成，很受欢迎。富有生活情趣的自选农副产品项目很多，上山摘玉米、扯花生、挖红薯，下河滩入柳林做烧烤，原汁原味，香甜可口。马头溪村不但农家种的产品多，山上野生的也不计其数。从农历二月开始，就有香椿、香芹、香菇、松菌、鸡冠菌、千蛋菌、地枇杷、猕猴桃、八月瓜、板栗等，这些山珍野味，马头溪两边山上到处都有，一边游山林看风景，一边采摘，愉快的心情与可口的野味双收。马头溪村的农副产品生态环保，品种繁多，价廉物优，品质可靠。为避免出现高喊乱要的现象，村里根据不同产品统一定价，在村中服务中心设有充值平台，将部分游客的现金充值在游客的账户上，每个农户家中设一个二维码，游客通过扫码支付，交易统一打到村部的账户上，村级财务再根据每户的实际情况进行分配。

黄辣子

包粽子

蒸玉米粑粑

烤玉米、炒洋芋

◉ 民俗体验游

马头溪村是最负盛名的土家民俗之村，村寨土家人在千年的迁徙历程中，创造出灿烂多彩的民俗文化。马头溪是土家歌谣发祥地之一。来到村寨，踏进主槽门，好客的土家人会为客人敬上一碗拦门酒，唱上一支敬酒歌，落座后，为客人呈上一碗自己采制的高山清明茶，献上一曲“树上喜鹊叫喳喳，果然贵客到我家，没有什么好招待，请喝一杯土家茶”的土家请茶歌。此外，还有奔放的扬叉舞、蓑衣舞，以及土家歌谣让游客体验这方民俗。

婚嫁体验 马头溪村的婚俗，依然按照传统，花轿迎亲接亲，锣鼓唢呐伴奏，实行拦门酒、迎客茶，新郎新娘行三拜之礼。参与其中，可以使人体验到马头溪村最原始淳朴的民风。在马头溪村，婚嫁之日可体验女方哭嫁，拦门讲茶等习俗，游人遇上这样的喜庆日，不仅可以观喜庆的场面，还可以免费就餐，预兆大吉大利 。

花轿迎亲

寿庆体验 为老人庆寿，多为亲朋好友欢聚一堂，鞭炮齐鸣，特别是晚上，大家围坐在堂中一边品茶，吃糖果、瓜子，一边唱歌祝寿，唱调统一，唱词自作，其内容包含祝主人健康长寿，祝子女兴旺不败。亦可在婚庆、寿庆活动中品尝土家十大碗的经典之作。

旅游线路

线路一：古迹寻踪

第一天下午，从张家界市内出发，夜宿西边界，看晚霞。

第二天清晨观云海，上午从西边界盘山公路上山—沿山脊城墙路—到南武当古寺遗址—海蚌瑙（观五个碑面无名故坟）—大垭塆古堡北门—下轿顶山—回燕儿岩（有燕曹）—穿过寨子抹遗址—寨子抹东门—下学堂坪，食宿两河口。看民俗表演。（此路最窄处只能攀岩附树，单人行走。全程 15 千米，时长 10 小时，无人烟。）

第三天，从两河口出发—沿溪河石板路—参观民俗博物馆—参与农耕体验—欣赏溪边风景—小息溪边凉亭—解读风雨桥—食农家饭—农副产品自选—返回张家界市区。

线路二：野生采摘

第一天下午，从张家界市内出发，夜宿夹金岩，感受山寨夜景。

第二天上午，从夹金岩出发—沿山顶公路—登山脊徒步道—观音堂址—杨家界—岩门（看天门山、天门眼）—沿山脊下—济公届（雨天看天降瀑布）—下陡湾—食宿两河口。全长 10 千米，约 9 小时。

第三天，从两河口出发—沿溪河石板路—参观民俗博物馆—参与农耕体验—欣赏溪边风景—小息溪边凉亭—解读风雨桥—食农家饭—农副产品自选—返回张家界市区。

线路三：野趣体验

第一天下午，从张家界市内出发，夜宿两河口，喝茶聊天猜字谜，参与民俗活动。

第二天上午，从两河出发—李尧嘴—百岩湾—田湾（出石油）—陈家峪—贡田—上百老届—下百老届—下黑岩壳—香药坪（旅游大道），食宿两河口。（大约 15 千米，8 小时。春天山胡椒、泡、野菜、野菌等野生瓜果很多，无人烟。禁止用火。）

第三天，从两河口出发—沿溪河石板路—参观民俗博物馆—参与农耕体验—欣赏溪边风景—小息溪边凉亭—解读风雨桥—食农家饭—农副产品自选—返回张家界市区。

线路四：民俗休闲

第一天下午，从张家界市内出发—夜宿关水坪（或马头溪），看民俗表演或参与民俗活动。

第二天上午，行走石板路—参与民俗体验—感受传统农耕方式—欣赏田原风光—骑车环绕村寨—食农家饭—农副产品自选—返回张家界市区。

◉ 旅游服务

接待中心

马头溪接待中心设在马头溪村部，接待中心下设 3 个接待站，供游客停车和食宿。

关水坪吊脚楼客栈群 位于马头溪村中心地段。马头溪村村部及马头溪旅游接待中心就坐落在此处。关水坪吊脚楼客栈群前栋为双手推车砖木结构，双层接待中心和停车场，后面是依山而建的 7 栋吊脚楼。整个关水坪吊脚楼客栈群共由 8 栋组成，配以厨房和可容纳 200 人以上的开放式餐厅，客房为高、中、低三个档次，共 1500 个床位。

关水坪土家吊脚楼客栈群有蔬菜种植和养殖、粮食生产基地。西岸是 500 亩杨梅采摘园，经盐帮古道，上益家界铁索桥可采摘杨梅，上行百米便是福星坪、木榨油坊，水碾坊传统加工作坊，可体验古法榨油。

为促进旅游业发展，建设了全村规模较大的停车场，占地 50 余亩，可同时容纳 500

名家走基层活动现场

多辆小汽车停靠。停车场内，加油、充电设备一应俱全。无论是大客车，还是小汽车，都可在此免费停靠，为提升自驾游、集体游服务水平创造良好条件。

马头溪休闲度假山接待站　位于马头溪休闲度假村，建于2014年，食宿齐全，是永定区纪委为旅游扶贫建办的马头溪村级企业，为砖木结构两层双手推车样式，有客房38间，露营帐篷8个，另配建开放式餐厅，2013年10月竣工投入使用。2014年，马头溪村被列为“永定区旅游扶贫村”，在马头溪休闲度假村修建了60余亩的露天文化生态广场，东面还配套修建了露天大舞台。

两河口接待站　位于马头溪的下游，与沅陵交界，接待站的主体建筑均是由原两河口村村部及综合服务中心改造而成。原为砖房，现“穿衣戴帽”，粉檐垛脊，扳爪翘角，与土家吊脚楼建筑风格和谐一致，内饰标准较高，主要经营土家特色餐饮、住宿、会议等接待服务，站内设有足球场、篮球场、排球场、乒乓球室等场地。

农家乐

关水坪农家乐　位于关水坪土家吊脚楼客栈群的下方60米处，背靠青山，前临绿水，为双手推车结构，飞檐翘角，气势恢宏，是典型的土家民居建筑。

关水坪农家乐由村民全庆根创办。全庆根因车祸造成下肢骨折，终身残疾，一家六口人陷入生活困境，2014年，区政府助其开办农家式旅游服务农家乐。他自种蔬菜、粮食，自养鸡、鸭、猪、羊等家禽家畜，粮食蔬菜不打农药、不施化肥，家禽家畜不用添加剂，食品绿色安全，品质佳，口感好，生意红红火火。全庆根从一个负债数万元的贫困户，成为马头溪村旅游扶贫、残疾人创业示范户。

山水人家农家乐　位于关水坪土家风雨桥下方60米处，靠近张家界——五强溪省级旅游干线。“山水人家”，意在马头溪山清水秀，幸福人家，是村民金述贵于2013年响应村里号召返乡创业所建，为两层砖木结构，有床位28个，设有餐厅、停车场等配套服务设施。主要从事旅游接待，为游客提供土家传统饮食服务、自助服务，是马头溪村返乡农民工创业的成功典型，为马头溪村旅游扶贫旅游接待示范户。

西边界农家乐　随着马头溪村旅游业的兴起，西边界组张华钦老两口办起了风格独特的农家乐。去西边界有两条车道，一条是从马头溪的龙潭河沿坡直上，另一条是从砂子垭翻山越岭可以到达。张华钦办农家乐不赶潮追流，以仅有的5间木房为基础设施，可接待40多人就餐。自家每年杀三头猪做腊肉，喂上数十只土鸡，客人来了，现杀现做，时令菜蔬现摘现炒，清一色的农家做法，不放调料。泥鳅、黄鳝、鲜虾，可以随时下田下池捕捞。西边界地处山坡，阳光充足，养殖使用天然饲料，种植菜蔬不施化肥，不打农药，是真正的环保食品。屋后有一座高山，山上全是原始次森林，屋的左侧一条山岗延绵十多里，山岗上有几百年的银杏。几处清泉，注入清池，叮咚有声。华钦屋的右侧，有一栋古朴的吊脚楼，一条短岗前伸200多米，短岗上是400多年的古木，挂有永定区政府的保护牌。人入其中有一种回归自然之感。站在华钦门前的场坪上，视线穿过一片月亮田，清晨可见马头溪的雾，随风飘荡在南武当、观音堂、落下来、再飞上去。

夹金岩农家乐　夹金岩生产小组组长龚明新兴办农家乐，由于房子周边环境好，服务热情，生意很好。龚明新60多岁，既会种田，又很有头脑。他见马头溪村旅游事业不断发展，便把自己的7间木房整理一新，房前屋后遍种时令蔬菜，多养猪、养鸡、养羊，让客人们吃鲜肉鲜菜。还在周围山上采摘大量的香椿、松菌、香芹、木耳、香菇等多种野菜，用其入菜，不但口感好，营养价值高，同时价廉环保。在龚明新的带动下，夹金岩一连开了好几家农家乐。

龚明新的家坐落在夹金岩山顶上，屋后有一大片古木，林中百鸟和鸣，万树争春。左侧有一条山岗，蜿蜒曲折，山上遍生奇花异木，一道山泉依着山岗流淌。凡泉水流过的地方爱生翠竹，门前几丘稻田，禾苗茂盛。龚明新楼房的右侧有几座小山，山上遍种茶树，茶林中时有古松，房前屋后均有小径连接。茶余饭后，漫步其间，清风徐来，空气凉爽，一种回归自然、身处世外桃源之感油然而生。夹金岩山地多，人户少，山上到处是宝。客人逢三月来，龚明新就会安排人带他们上山。

七月摘猕猴桃，八月摘八月瓜，九月捡板栗，山上的所有野果，都任由客人自由采摘携带，夹金岩人分文不取。夹金岩农家乐独具特色，名传整个湘西北。

民俗客栈

马头溪古道客栈　离马头溪风雨桥，靠近张家界—五强溪省级旅游干线上。户主欧雄初。因地处明清时期湘西北盐帮古道而得名。马头溪古道客栈由欧雄楚在祖屋旧址上重建，呈一字长龙，为上下两层的土家吊脚楼。上为餐厅、客房，下为停车场、百货商店。有床位12个。客栈主要从事住宿用餐和自选自摘自助式服务，是一家传统食材的农家乐，为马头溪旅游扶贫旅游接待示范户。

两河口土家客栈　位于沿着马头溪顺流而下12千米的两溪交汇处，是一座富有民族特色、依山抱溪的旅游住宿设施，客栈整体呈“T”字形，旁有2条公路横跨溪流而过。客栈内部设施按照古香古色的原则而建，有篮球场、健身场地、乒乓球室、娱乐室、图书室，餐厅宽敞，房间配套也很齐备。客栈四周环境优美。正前方是一座拦河大坝，坝上深潭碧波如锦，两岸参天古柳倒映水中，风乍起，吹皱一潭碧波柳影，堪称一景。溪流先流过坝上石墩，后沿大坝倾洒而下，均匀铺展，形成一条长达 50 米瀑布，坝上坝下两重天，坝上平而静，坝下吼而跳。还有天然游泳池可供使用。

凌峰山庄 位于马头溪村两河口与沅陵县七甲坪镇两河村交界，是一家集土家文化展示、土家文化研究、土家礼俗、土家工艺、民间艺术、农耕文化体验、土家生产工具、土家生产用具陈列于一体的家庭式土家文化生态博物馆。凌峰山庄由多栋土家吊脚楼组成，设土家文化研究室、土家文化档案室、土家文化图片展览室、土家文化视频投影室、土家生产生活工具、用具陈列厅等，同时还建设了农耕体验田园。主要面向媒体、专家学者、土家文化爱好者群体开放，是一家度假休闲高端的家庭型土家文化生态研究传承、传播接待中心。

马头溪接待站

◉ 旅游管理

旅游策划 以农民为主体，以农村土地为平台，以农业生产为载体，以民族特色为灵魂，以城市人口为对象，发展传统农业，保护生态环境，逐步探索出农业服务旅游，农村服务城市的乡村旅游新思路。马头溪村乡村旅游以追求淳朴、回归自然、享受自然为目的，以村寨山水风光、田园景观、民俗风情、民俗节庆为依托，聘请专业人员组成旅游策划班子，定期开展旅游活动，开展生态旅游、休闲度假（享受型）、探险旅游、体育竞技（参与型）、农耕文化体验游和民俗体验游（体验型）。

管理机构 在中国共产党马头溪村支部委员会、马头溪村民代表大会的领导下，建立一支策划队伍，成立旅游管理协会，制定切实可行的规章制度，并在全体村民的监督下执行。

管理措施 对从业人员的管理：从业人员经过考核定员，先送到旅游区，跟班培训1～2周，在培训期间学习认真、爱岗敬业、成绩优秀的，择优录取，建立个人档案安排上岗。对景区的管理：一是责任到人；二是保护环境卫生；三是防火防破坏，保证人身安全；四是没带导游的旅游团或游客，景点的责任人有推介景点的义务。对无理取闹，甚至打架斗殴的游客，要制止、劝解或联系公安人员平息事端。尊老爱幼，保证游道畅通，景点责任人要极力做好安全宣传工作。

管理人员 协会会长1人，负责全面工作；副会长2人，协助会长工作，打造景点，督促检查各职能工作，开创协会增收项目，壮大集体经济；会计1人，负责财务管理，账目公开，编制报表，做好财务分析；出纳员1人，根据领导安排，制定财务制度，合理开支；统计兼保管员1人，负责协会的财产保管，各项旅游数据的统计，为领导提供各项决策的依据；安全监督员3人，做好与政府有关部门的联络工作，并争取有关部门的支持，使游客放心，保证游客生命和财产的安全；物价监督员2人，负责全村土特产、食品、餐饮的销售价格基本平衡，严厉打击坑害游客的奸商行为。管理人员的待遇，在不脱产的原则下，协会从增收的项目资金中进行评定，保证管理人员最低的生活水准。

◉ 村寨活动

篝火晚会 篝火民俗晚会是村寨民俗晚会的重要活动形式，具有与游客互动优势，在马头溪露天文化广场点燃一堆柴火，熊熊的篝火将广场映照得通红，游客与村民手牵手、肩并肩，跳起豪放的土家扬叉舞、摆手舞。游客学舞，体验一方土家民族悲壮沧桑，大起大落的迁徙历程。篝火晚会逢星期六定期举行，主要面向常德、怀化、张家界市内休闲度假客人，如有重要接待演出活动，场地、时间可随时调整。

篾灯夜游 篾灯夜游是马头溪土家人巫傩文化的一种娱乐活动，也是有钱人为去世老人送葬的一种活动。不分男女老少，举着火把（旧社会用桐油或清油，解放后用煤油或柴油，装在一节竹筒里堵上布练子）排成长长的队伍在腊水田埂上或河水边上，走着"击鼓传花"的步伐，你追我赶，象征着团结友爱的气氛，继承遗志的力量。腊水田或河水中的倒影，像双层的红火巨龙在跳跃和飞舞，分外耀眼。

国学体验 晚清至民国年间，马头溪私塾学馆林立，康熙、光绪两朝进士郑国祥、李尧均为耕读传家之典范，全能燮、秦世禄、李三、李兰谷、全官儒、李尧峰、龚启祥、梅维定这些儒生学士都曾在马头溪、两河口一带的私塾做启蒙教育，教授国学经典。走进马头溪，诗词、民歌文化氛围浓郁。诗词协会举办格律诗词创作，学前班幼童诵读《三字经》，农户婚嫁寿庆活动中进行对联创作等。

学生夏令营 马头溪村是夏令营极佳场地，修建了十五座河坝，大大小小有数十个游泳池潭，可以说是水上乐园一条线。青少年参加劳动体验，可体会到"粒粒皆辛苦"的含意，到深山中去采摘野果，到河谷中捉鱼、蟹，到田中翻泥鳅，让儿童或少年感受人与大自然，人与动物和谐相处。青少年捡柴、做饭，一切自己动手，甚至放牛、放羊、喂养狗、猫、鸡，识别野生动物，感受大自然的魅力。

农民运动会 土家人把劳动和娱乐相结合的一种生活方式。旧时大山封闭，大山深处的土家人，在劳动之余，为缓解劳累、活动筋骨，因地制宜，因陋就简开展扳力、扭扁担、烧玉米、运粮比赛，以及挑水抗旱、下打三棋等竞技活动，这些竞技活动不在乎输赢，重在开心。后来演变成村寨红白喜事、重要聚会和村寨竞技比赛的民间体育活动，又增加了骑高脚马、打飞棒、摔跤、滚铁环、打秋千等多个竞技项目。一年一度的竞技活动被村寨人十分看重，平时十分注重技能的训练。

高脚马比赛

端水抗旱

层篓运粮

拔河

自行车环游 马头溪山清水秀，河川平坦，交通便捷，东岸有张家界市至中南水电大坝省级旅游公路，西岸是宽6米，长16.5千米的柏油自行车游道，沿溪有连接东西两边公路的18座过河桥梁，是村民和游客骑行游览马头溪自然风光，体验田园景观民俗风情的好去处。为推介这一乡村旅游品牌，沿公路两旁配置共享单车，推动村里旅游发展。2016年6月，张家界首届户外嘉年华27千米骑行赛在马头溪鸣枪开赛，来自全国千名自行车比赛活动爱好者参加比赛。

自行车比赛

◉ 土家节庆

山歌节 马头溪村是享誉湘西北的土家歌谣之村，村寨每年不定期举办土家山歌节，一般是在稻谷收割、打草上树后的农闲季节举行。旧时由村寨的乡绅牵头大户人家赞助、歌手操办，规模不大，参与的歌手一般是本村寨村民，但山歌节就不一样，邀请桃源、沅陵、慈利、大庸边界四县的土家歌手设擂打擂，争夺冠军。山歌节一般是在马头溪老屋歌场、两河口李家古宅等专门歌场进行，采取循环淘汰赛，对手不相上下时，由主持人限四字冠顶演唱一首，根据歌词内容、唱腔及表演等诸多方面裁定胜负。本村83岁的歌手龚桂梅曾连获三届冠军，是历史以来成绩最优秀的土家歌手。马头溪山歌节不仅传承光大了土家歌谣，而且为村寨及周边四县培养了一大批土家歌谣人才，现村寨山歌节为一大地方文化旅游品牌，吸引海内外游人观摩和参与山歌比赛。2017年正月初二，村寨举办“桃妹之歌群英会”，来自广西、湖北、云南、贵州、湖南等地区的22支民歌代表队参加，使村寨山歌节走向全国。

春耕糊仓 土家糊仓节传承千年，是土家山寨每年一度的重要节庆活动。糊仓节没有固定的时间，根据插秧情况而定，糊仓是每年插完新秧关秧门的时候进行的，一是观摩山寨的农耕歌舞；二是法师祭拜土地；三是插秧冠军吃盖面肉；四是插秧赶仗、锣鼓催阵；五是互相糊泥巴。这是村寨土家人忙完一年一度春耕春播农耕后，属于山民的一次大聚会，村寨的男女老少齐上阵，一帮主人插秧，二来同庆同乐，是四界空巷万民同乐的土家人自己的狂欢节日，吸引海内外游人观摩和参加。1999年，世界文化遗产开发公司总裁迈克尔博士到村寨观摩土家糊仓，给予好评。

土家糊仓

春油开榨 每年的五月初八，是村寨每年一度约定俗成的春油开榨祭榨节，这时村寨完成一年一度的油菜籽的收割，在法师舞毕后，由当地德高望重的榨油匠撞响第一锤，3名彪悍的土家榨油佬赤膊短裤，吼着榨油号子，四界围观乡民和着榨油佬的号子助威呐喊，声震群山。三轮号子结束后，开始拍卖第一桶春油。因为它象征着人生转折的第一桶金，所以乡民互相竞价，奋力一搏，价格一路飙升。有时城内的人也参与其中，而且十有八九被城里人将村寨第一桶春油收入囊中。马头溪土家榨油节自明清以来盛行不衰，越办越红火，是村寨乡民的重要节日，四界八乡的山民会身着盛装如期赴约。

耕牛会 耕牛伴随村寨土家人走过了千年的迁徙历程，是马头溪土家人的农耕好帮手、忠诚伙伴、土家民族图腾。马头溪人习惯把牛栏修在住房的前面，招祥纳瑞，祈福迎春，逢年过节为耕牛喂上最好的粮食，烧纸焚香感恩耕牛。这里的土家人敬畏耕牛，从不杀牛食肉，牛死后厚葬于山水之间，让耕牛永无草水之忧，让养牛人得以心安。入秋是耕牛长膘越冬的重要季节，村民不仅喂足草料，还适当补充精粮，把牛养得膘肥体壮，身如缎子皮，发光发亮。农历八月十八是村寨约定俗成每年一度的耕牛会，耕牛会不像侗寨苗寨的斗牛习俗，驱使耕牛进行血肉横飞的相互搏命，而是将自家耕牛认真梳洗、精心装扮，让村寨推选出德高望重的前辈，评出一年一度的养牛能手、爱牛家庭和农耕牛王，然后披红挂彩，敲锣打鼓，遍游村寨，进寨入户鞭炮迎送。这一习俗的传承培养了村寨爱牛护牛、敬重耕牛的良好村风民俗。

端午节放排 端午节当天，土家妇女将糯米拌入少量红豆、熟花生、绿豆、白砂糖等多种原料，取自家屋后的棕叶洗净，将拌好的食料用棕叶包成各种形状的粽子，这种粽子吃起来香甜可口。过端午发粑粑，将大米、糯米、黄豆浸泡洗净，用石磨磨成米浆，再自然发酵，粑粑其味甜中带酸。粽子和发粑粑做好后，土家男人便将这些食物装上随身的袋子出门放排去了。

晒秋

十五晒秋 八月十五，马头溪人会将自家所有能装、能盛和能晒的器具拿出来，趁着好天气，装上丰收的粮食放在太阳底下暴晒。整个村寨统一行动 ，场面十分壮观。

年货代办 “忙年忙年，忙中有乐，乐中忙年”。马头溪村寨一年中最忙的日子是腊月忙年货。进入腊月初一后，村寨就开始杀年猪、炕腊肉、灌香肠、做血豆腐、打粑粑、炒炒米、推豆腐、煮烧酒、熬老糖干，特别是打粑粑、杀年猪、熬老糖干要多人配合，还要请帮工。村寨年货，生态环保，无公害，营养丰富，风味独特，是都市居民竞相购买的年货礼品。为了备办马头溪传统土家年货，都市居民早早就和村寨人家预订所需要的年货，为了备办吃猪草的年肉，在开年的时候就和村寨人挂上钩，村寨人家早早捉上小猪儿用猪草饲养，不含任何添加剂。因为安全环保，马头溪村寨的土家年货成为都市居民的香饽饽，进入腊月车来人往，把村寨人家忙得喘不过气来。年货销售成为马头溪村寨的一大旅游收入来源，为村寨人带来了丰厚的回报。

炒炒米

熬猪头

打粑粑

做豆腐

耕读传家

马头溪村是历史悠久的耕读之村，自清康熙时期耕读育人就蔚然成风。清康熙榜眼郑国祥曾为郑氏后辈留下“耕读为本，益国益家”家训，马头溪至今还保留着“益家界”这一地名。光绪进士、昆明知府、湖南五大才子之一李尧为勉励后辈，在李家大院堂屋大门上悬“承先祖遗风，惟忠惟孝;教子孙正路，曰耕曰读”的堂联。先辈遗风，良好的族规家风，使马头溪崇文重教代代传承，人文荟萃，成为湘西北“耕读之村”。

◉ 祖辈遗训

马头溪村山高坡陡，耕地稀少，人均只有 0.7 亩农田，历有“地无三尺平，田无两丈宽”民谣。耕地是马头溪人赖以生存的基础。马头溪人十分重视耕地保护，利用山体落差空间，把房子修在山脚下或崖壁之上，形成不占田、不占地、“崖壁上挂鸡窝”的建筑格局。为充分利用耕地，马头溪土家先民依溪筑坝浇灌、依坡建码头防洪，守住世世代代赖以生存的命根子。

马头溪人珍惜这里的一山一水、一草一木、一田一地、一坝一渠，对生态环境保护高度重视，制定保护森林渔业资源、环境治理等一系列村规民约。他们尊重自然、依赖自然、感恩自然，追求人与自然的和谐相处，把祖宗留下来的家园传与后世，让他们世代安居乐业。

保护环境 保护环境是马头溪村的头等大事。马头溪人在日常生活中不污染河流，在劳动生产中不开垦青山、不破坏环境。马头溪村委会为搞好生态环境保护，制定村规民约，对保护环境先进模范予以奖励，对损害、破坏自然环境的行为予以惩罚，与村民小组和农户签订环境保护协议，包干到

护渔巡逻队

保洁员

人，分工负责，每年进行一次检查。

珍惜土地　为更好地珍惜土地、使用土地、开垦土地，马头溪村的先民付出过许多努力。为了多开一分田、一分地，他们砌一道道长岩坎、造一处处梯田。为了保护土地不被洪水冲塌，他们修一座座拦河坝、筑一处处防洪堤，再在堤上种上竹子或柳树防止水土流失。为把土地的作用发挥到极致，马头溪村的先民们想尽了办法，哪一块田适宜种水稻，哪些土地适种五谷杂粮，都详细记载。

保护家园　重视生态环境，建设生态家园是马头溪村村民的传统。在房屋周围种上果树，花果飘香，栽植风景林，育一片翠竹，开一处小塘，院子前置一座花园，这些美好风景都是马头溪人的追求。

◉ 传统种植

千百年来马头溪人总结了一套春种秋收、传统农耕的经验。为精准扶贫，后盾单位与村支两委采取以奖代扶的模式予以推广。

马头溪村村民种植的农作物品种丰富，实行自我留种，不用杂交品种和转基因种子，种植的作物有稻谷、玉米、大麦、小麦、燕麦、粟谷、高粱、黄豆、蚕豆、豌豆、绿豆、红豆、蛮豆等粮食作物，有花生、芝麻、油菜、油茶、桐籽等油料作物，有南瓜、冬瓜、苦瓜、甜瓜、芦瓜、笋瓜、黄瓜、白菜、青菜、萝卜、胡萝卜、葱、蒜、韭菜、四季豆、豇豆、辣椒、藕、番茄、土豆、香菜、卷心菜等 40 多种蔬菜。

水稻种植 腊水田是马头溪村最常见的耕作方式，一般利用农闲时节进行。腊水田整好后，将大量青蒿踩入田中，任其腐烂，提高水田肥力，来年农忙时只需翻耕即可插秧。在腊水田种植水稻，由于化肥追施较少，不易发生疯长、陡长和倒伏现象，病虫害也极少，因此收获的稻谷籽粒饱满、成色金黄。水稻种植比颗粒，是马头溪村开展的一项农业竞赛活动。村民在各自的田里精耕细作，勤施肥、勤管理，不放过任何一个环节。比颗粒就是比产量、比科学种田、比种田技术。马头溪村经过此项农业比赛活动，粮食产量年年丰收，取得了很好的社会效益和经济效益。

油菜种植 自马头溪风雨桥到田家湾几十里的河川，有一条油菜花长廊，形成一道长长的风景线。每逢八月，溪河两岸的村民都要参加油菜种植比面积竞赛。村里发动所有劳动力耕田、播种、施肥，分工合作，不到半个月时间就可完成种植任务。播种完成后，由村委会组织评比，树立榜样、表扬先进。

菜园管理 马头溪村人的菜园，不仅蔬菜品种齐全，外观也整洁美观。菜园里干净清洁，没有杂草。菜园周围用 1.5 米左右高的小竹竿或篾片织成围栏，以防牲畜糟蹋。

插秧

初春油菜花

蔬菜长势旺盛，不打农药，不施化肥，是真正的绿色食品。各类时令蔬菜布局合理，品种齐全。马头溪村有“男儿田边、女儿园边”的传统，这里的家庭主妇都会种菜，各家的菜园中时令小菜应有尽有。

◉ 生态养殖

家畜圈养 马头溪村是一个农耕古寨，“一种二养”是村民的主要经济收入来源，种粮饱肚子，用钱靠养殖。改革开放以来，村民的养殖习惯一直没有改变，家家养牛，户户喂猪，没有引进外地家畜品种，一直以来养的是祖宗传下的猪、牛、羊品种。牛羊早放晚收，吃山坡上的树叶野草，只有冬腊月才补充一些杂粮。马头溪人用杂粮喂小猪，用猪草杂粮养肥猪，虽然养的时间长一些，但肉质很好，炕的腊肉皮缩肉紧，质脆味香，因此，马头溪猪肉行销市场多年，越销越俏。

家禽放养 马头溪村的家禽以鸡、鸭、鹅为主，主要是家庭散养，容易管理、品质好、经济效益高，是马头溪村村民一项很好的家庭副业。鸡是家家户户爱养的家禽，马头溪村的鸡主要有黄、红、白、黑等颜色，但肉都是乌肉。养鸡比的是数量与质量，看谁家养得多，发展潜力大。大家各想办法，各出奇招，条件好的养殖户用机器孵化小鸡，出苗多，效益好。马头溪村溪河多，水田多，具有放养鹅鸭的良好条件。鸭苗一般都在集镇购买，放养三四个月就可销售。放养鸭子比的是放养技术，放养时不断变换场地，让小鸭白天在水里寻找活食，晚上回来再吃一点粮食，以便食物充足，生长得快。

山羊养殖

土鸡、鹅的养殖

◉ 农耕记忆

春耕春插 马头溪村保留春耕春插的传统模式。村民们喜爱用黄牛作为耕种工具，便于在沿河两岸山上的很多小田和陡坡地上操作。同时，家养一两头黄牛，可留下很多有机肥，有利于种植绿色食品。

扯秧

春耕春插也是马头溪村的一道风景。阳春三月，妇女们在田里一边插秧一边唱山歌，男人们则在田埂上挑秧抛秧，年纪大的马头溪人则披着蓑衣，戴着斗笠，腰里挂个黄鳝篓子，右手扶犁，左手持鞭，打着“哟嗬”，催着黄牛。到了晚上，一家人坐在一起，切几片腊肉，煎一锅火炼圈，就一杯米酒，围桌而坐，畅谈丰收梦想。

秋收扳谷 挞斗扳谷是土家族人民原始古朴的稻谷收割方式。这种方式操作方便灵活，大田小田都很适宜，在马头溪村已传承千年。挞斗是专用的稻谷收割用具，长约1.6米，高1.1米，厚约3.3厘米，四方形，口子上大下小，多用杉木板制作，四角有耳子便于割谷时拉斗。扳谷是一种力气活，需要眼明手快，身段灵活，讲究轻重合一，快慢互补。多人对扳时，第一下为“咚”的一声重扳，第二下轻扬轻扳，称为“抖谷”，以免谷粒撒出斗外。扳谷时，大家轻重交替，相互应拍，很有节奏感。

挞斗扳谷

层篓挑玉米

撑篓挑玉米　专供男人挑玉米棒的“撑篓”，由一根扁担将两只高 1 米、径长 40 厘米的篾篓串起来，玉米棒则紧紧插在篓中。另有一种木制背篓也叫“撑篓”，用几根木棒串成一个能置物体的空架，通过篾丝系着，作为运送玉米棒的工具。金秋时节，玉米熟了，头包布帕的土家族妇女在玉米地里将一根根金黄色的玉米棒麻利地掰下，身强力壮的土家汉子挑着玉米棒子在家与玉米地之间来回穿梭。

打草上树　稻草是马头溪村村民春冬两季耕牛饲养必备的草料。稻草在田间晒干后，必请若干男女搬至禾场，然后抖开，用稻滚碾压至柔软状，增强耕牛食用时的口感，随即捆紧扎实，堆码在树桩上保存，随用随扯。

晒谷上仓　稻谷晒干后，灌进木制谷仓，谓之“上仓”。马头溪每户都置有存放粮食的木仓库，或修造于偏房之中，或置于堂屋之间。一般木制谷仓可装纳 4000 ~ 5000 千克谷物。但现今大多农户用塑料编织袋或购买铁皮圆形谷仓装粮食，可防鼠害，亦可随意搬运移动，方便快捷。

◉ 特殊农田

雷公田和月亮田是马头溪农田的主要代表，成片的月亮田已成为一道道田园景观，而雷公田则随着时间的推移，逐渐变成了玉米地，从人们的记忆中消失。

雷公田　雷公田是指没有河坝、山塘浇灌的稻田，完全靠天下雨整田插秧，蓄水保收。雷公田不易细作，插上水稻难上加难。要想种好雷公田，必须具备优势条件，除人强牛壮外，还要有好的犁耙农具。整雷公田时先要整好堵水丘。农忙时节，人们昼夜许愿降雨，若晚间下了大雨，则通宵耕作，赢得一丘堵水田，再慢慢扩整水田。整好了雷公田，也得靠天吃饭，风调雨顺才能丰收。为改善落后的生产条件，马头溪村修了堰塘水库，一些雷公田也变成了活水田，年年得到丰收，人民生活有了较大改善。

马头溪有雷公田近百亩，主要集中在西边界、夹金岩山界小组。因西边界、夹金岩海拔高，水源缺乏，有的地方又不便于修山塘，造成雷公田十年九不收。因雷公田收成不可靠，加上山高坡陡，耕种不便，大部分都改种玉米、花生、黄豆等旱粮作物，少部分退耕还林。

西边界月亮田

月亮田 月亮田是马头溪土家先民随山就势、依湾造田的农耕遗产。马头溪山坡岗靠岗，湾连湾。村寨人顺其自然，依湾就势，在山坡水源较好的山湾湾里依湾造田，当湾处的稻田弯弯两头尖，中间宽形似未满的月亮，形成大量“月亮田”景观。现马头溪有500多亩月亮田，水源较好，灌溉便利，是村民的生计保障。

◉ 家风家训

家风家教 马头溪村文化底蕴深厚，读书学习成风。古往今来，人才辈出，尤以崇尚读书发家的清朝时期进士郑国祥、李尧影响深远。时至今日，马头溪村一寨一书屋、一家一书柜。马头溪人不仅种田养家，而且注重修身养性、提高生活品质。马头溪村益家界（原名枞木岗）既是书香传家风、耕读培儿郎的好地方，也是方圆百里人家沾才气、接地气、教儿郎的惠泽之地。

马头溪村是“榜眼故里，耕读之乡”，耕读传承，世代绵延。这里有“不比家富财产，只看科子功名”的良好风气，人们把培养孩子读书看得尤为重要。为给孩子创造良好的学习环境，培养孩子良好的学习习惯，家中孩子生下来，就将蜂蜜涂在书本上，让

家庭教育

家庭传承

其舔食书本，意在自幼与书结缘。孩子稍稍懂事后，大户人家便请来先生，教他们读诗书、习字画。村里有大小喜事，先生写对联时，大人就带着孩子一旁观看。平时邻舍之间有文字往来，大人也和孩子一起进行交流。由于耳濡目染，马头溪人自幼就在心中播下了读书习文、追求知识的种子。

马头溪村历来有尊师重教的好习惯，也是远近闻名的教育之村，尤以两河口为甚。两河口位于在马头溪村的最下端，为两条溪的交汇处。明清时期，一个不到 3 平方千米的两河口，创办了 4 所私塾学校，从教人员 6 人。从那时开始，学校教育逐渐起步，稳步发展，解放后更是发展迅速，从一个全日制小学发展为九年制学校。1977 年，学生人数达到 520 人，有 9 个教学班，教职员工 15 人，学生生源延伸到马头溪村周边的桃源、沅陵及王家坪的 5 个村，足见这所学校的影响力。

在两河口，人们自发办教育形成一种风气。修建学校时人们捐款、献工，学生上学时自带桌椅，公路旁边的石碑上刻有当年捐资单位和个人的名单。尊师重教风气浓厚。家长再忙，也不忘孩子读书的事情，哪怕是砸锅卖铁，也要送子读书。村民龚明国家里 4 个儿子都爱学习，为送孩子读书，他穿的衣服烂了就补，无法补了干脆用绳子捆起来穿，这样生活了几十年。全录章家有 5 个子女，为送子女读书，连续 13 年没有杀年猪，有几年连年夜饭也没有着落，生活过得十分艰辛。然而，这些孩子们不负厚望，最终都学有所成。

家规家训

土家三规五戒

三规　话规，说话要轻言细语，客气；事规，做事要有利于民，实事求是，不能损人利己；坐规，行走要端正，少女少媳不能膝开八字，有长者在座时不翘二郎腿。

五戒　一戒无根之有，不无中生有，拨弄是非；二戒不义之财；三戒路边花草，指色戒；四戒过量之酒；五戒斗勇好胜，要和睦乡邻，与人为善，互相关心，互相爱护。

龚氏族规

龚氏族规家训大部分从清朝时期族谱上继承。内容：务本业、谨学业、端家养、禁游情、择婚姻、和乡邻、睦宗族、敦孝悌、严闺阃、肃家政、尊师长、慎言语、惩轻燥、崇节俭。

欧氏家规〔清同治六年（1867）〕

遵家训、敦人伦、守国法、勤耕读、正家风、珍族产、祭祖庙、惩惰行、妥先灵、禁乱葬、济贫困、息争讼、正宗法、兴族业。

龚氏家训

敬祖先、孝父母、睦兄弟、和夫妻、亲亲族、尊师长、信朋友、力耕种、勤读书、存忠厚、尚勤俭、司礼仪、严闺阃、戒淫恶、戒赌博、戒吸毒。

家训谚语

养儿不进学堂，只有到南武当。

养儿不把书念，只有背犁园。

养儿不把书念，只有到清浪滩——拉纤。

生养儿女不送书，他会怨你一辈子。

耕读为本与家训对联

忠可报国，孝以传家。

互爱互尊夫妻睦，同心同力弟兄和。

勤俭节约兴家，耕读为本育人。

好官一国之宜，贤妇一家之珍。

兄弟同心家不败，邻里和谐事业兴。

甘草味甜人可食，花言巧语不能听。

孟宗哭竹冬有笋，王祥为母卧寒冰。

村寨教育

教育传家 马头溪村关水坪组有一个大家庭，家中四个子女个个有出息，被村民称赞为“教育之家”。姐姐郑婵娥是位普通的小学老师，共生育两个男孩，大儿子郑程毕业于西北工业大学，小儿子郑丁毕业于清华大学；大哥郑显华是一名公务员，育有一儿一女，女儿郑海艳毕业于北京大学，儿子郑伟毕业于湘潭大学。老二郑显风是一名小学教师，有两个女儿，大女儿郑凡凡毕业于北京大学，二女儿郑圆圆毕业于南开大学。老三郑军是一个农民，儿子郑创毕业于中山大学。

◉ 村寨教育

国学教育 马头溪村悠久深厚的文化历史，与启蒙开教是分不开的。在明朝以前，私塾国学学堂有 8 个，教学的先生有 24 人。一般有钱人家的孩子 4 ~ 5 岁时就送入学堂，家庭贫困些的，一年仅能拿出 2 ~ 3 担稻谷作为师资。先生对学子一般采取教化和惩罚相结合的管束方式。每天上午点书，首先要教学子熟读三字经，能背诵课本后，便开始讲解文明、道德、如何做人。进而点教，用百家姓、女儿经、幼学教化学子。所谓惩罚，就是对那些无家教、爱讲痞话、骂人打架的学子罚站，下午散学前背对先生，将一天的课文背诵一次，或先生指字认字，差错一点打手掌一下，责打有轻重、多少之分，若书背不通，加上打架、吵嘴，便双错并罚。

中华人民共和国成立之后，全村有小学 3 所，设一至四年级课程，从语文、算术、图画、唱歌开始启蒙，每个小学有 2 ~ 4 个老师，对学生一般以教化、启发、表彰和鼓励为主，对个别调皮的学生采取留学、罚站等教育方式。

国学启蒙

耕读传家

耕读活动 马头溪村是清初以来的“榜眼故里，学子之村”，历来“民风礼俗，耕读传家”蔚然成风。为传承优秀家规家训，弘扬耕读文化，永定区纪委于2017年年初在马头溪办点开展“四个一”耕读文化推介活动。

悬挂一块家训牌：搜集整理马头溪各类家训匾额320块、楹联950幅、石碑古训110余块，从这些家规家训中择优刻成匾额，家家上墙，户户张挂，营造良好的耕读传家风气。

讲好一个故事：搜集整理编辑出《郑氏家族耕读育人》《小篾匠的大志气》等128个耕读家风故事，汇编成《马头溪村好家风故事集》。举行家风故事报告会，要求人人讲好一个家风故事。

创作一首好家风歌曲：借助本土民歌土语创作成《哎咯咱的作数》全球首支新土家元素语苏木绰好家风歌曲，为广大村民传唱，先后被《湖南日报》、湖南卫视、湖南经视等省内外18家媒体报道。

演好一台好家风戏：将马头溪好家风故事改编成土家民歌、土家戏剧、土家舞蹈等群众喜闻乐见的文艺节目，由马头溪村红牡丹、樱桃花、油菜花土家艺术团和镇阳戏剧团联合表演，先在王家坪镇13个村（居）展开第一轮巡回演出，而后在全区27个乡镇

（街道办事处）、区治大院、区直各部门及企业、社会团体演出。

农家书屋

马头溪村有三家农家书屋，分别是关水坪、马头溪、两河口农家书屋。每个农家书屋各有藏书一万多册，其中有马列著作、毛泽东选集，有抗日战争、解放战争等军事书籍，还有经典名著、文学作品及名家小说等，但最多的是农业、养殖业、种植业等方面的书籍。

关水坪农家书屋　成立于2012年，是年年底被命名为“全国示范农家书屋”。关水坪书屋设在原关水坪村部，藏有各类书籍19058册，包括政治、经济、科技、法律、文学、儿童读物六大类。室内有长桌，长桌周围摆满了椅子。茶余饭后，阴雨天里，远近村民都会来到书屋读书。他们围桌而坐，就着窗前的光辉，手捧书籍，寻求知识，学习如何施肥种稻、种菜种地、栽种果树等等。这些朴实的农家人中，有白发苍苍的老农，有拖儿带女的媳妇。另有一些文学爱好者，一来便在书柜中寻找《红楼梦》、唐诗宋词等。农家书屋丰富了人们的精神生活，指导了农业生产，促进了当地百姓脱贫致富。

马头溪农家书屋　成立于2012年，设在马头溪度假村。现有藏书15010册，有马列主义理论著作、少儿读物，以及农业科技、文学艺术等方面的书籍。马头溪农家书屋有专人管理，四季开放，无论本村人还是外地游客都可进屋阅读，当地人可登记后借书回家。农家书屋，为村民发展农业生产、开展家庭养殖提供了有效指导，具有较大的经济效益和社会效益。

关水坪农家书屋

关水坪油菜花土家艺术团

两河口农家书屋 成立于2012年，设在两河口接待中心。现有藏书16018册，主要以科技书籍为主，另有政治、经济、法律、文学等各类书籍。两河口农家书屋的管理人员为方便群众、服务人民，常常运用书本知识帮助人们解决生产中的疑难问题。当地人虚心好学，坚持科学知识与实践相结合，粮食年年丰收，养殖业兴旺发达，同时也在书本中认识到了回归自然、生态环保的重要性。进农家书屋学习成为两河口人生活中不可缺少的一部分。

文化活动 马头溪村文化活动室设在马头溪村部，面积22.5平方米。活动室内四壁挂有名人字画，设有案桌，案头文房四宝齐全，备有画纸彩笔，以供书画爱好者挥毫，另外还有锣、钹、鼓、二胡等各种乐器。马头溪人热爱文艺，时有文人墨客到文化活动室论诗谈词，说古道今。众多音乐爱好者在文化活动室敲锣击鼓，唱一段名词唱段，字正腔圆，余音绕梁。马头溪文化活动室是当地文艺爱好者聚会、休闲、讨论文学艺术，相互学习、相互提高的交流场所。

◉ 工匠传承

马头溪村历来流传着“家有钱财万贯，不如薄艺缠身”的谚语。马头溪村人勤劳好学，技艺精湛。中华人民共和国成立初期，马头溪村被誉为“辰州土家工匠第一村 ”。传统的民族工艺虽遭现代机械化的冲击，但土家老艺人仍守住清贫，坚守技艺，使马头溪村成为濒危的土家工匠之村。现有传统的瓢瓜匠姚小光、家椅匠张官学、罐匠欧胜周、木匠郑启兵和榨木匠张胜华。

木匠 木匠分为大料木匠、小料木匠、圆作木匠、和木匠四大类。马头溪村有技艺高超的大料木匠，沿河两岸的吊脚楼、转角楼、槽门、风雨桥、寺院、学校等建筑，一般都出自本村寨大料木匠。小料木匠主要是装修房屋，制作柜子、床、桌、椅、犁、耙、打谷子的扳桶、水车、风车、水碾、木油榨等品种繁多的器具。木匠行规是学艺三年出师，投名师，苦钻研，才能精益求精。木匠的总砝码是“鲁班虽巧、傍墨儿行”，无论是大料木匠还是小料木匠，画墨是关键，掌墨师建屋时心里要装着一栋房子，做柜子时心里要装着一只柜子。民间传统木匠不依赖图纸，完全靠勤学好问、刻苦钻研。大料小料样样皆能的木匠称之全能木匠，在当地很受尊敬。

圆作木匠是专门制作圆形木器的工匠。家庭常用的圆形木器有木脚盆、水桶、蒸米饭及粑粑用的木橧、黄缸，装各类粮食的大木缸、蜂桶等。这些圆形木器的特点是上大下小，腰和底脚之间两道篾箍固牢整体。

小料木匠

和木匠是专门制作棺材的木匠，这种木匠为数不多，但也属于传统木匠。

“榨木匠”是制作木制榨油器具的工匠，属于小料木匠。一台木制榨油器具，95%以上的用料全是木头，对木质的要求也很苛刻。首先须有一段长 5 米、直径 2 米的圆柱形整木，再做两副支架，用支架将整木撑起。在整木的中心挖一长方形孔，旁边是半圆形的孔。木箭分上下两层，每匹箭都要求硬质木料，均用厚铁包头，厚度、斜度、角度、长度都包含了极复杂的几何原理，这也是一个木榨好坏的关键。好榨出油率高、油质好，相反则出油率低、油质差，甚至根本打不出油。张胜华是马头溪村唯一健在的榨木匠艺人。

画匠 马头溪村做小料的木工一般都有画画的功底，全村共有 24 人，以欧胜州、郑朋较为出名。小料工匠做成一套家具后，在家具的表面上用石膏粉加上牛皮膏和成糊状刮底子，使之平整光滑，然后用五颜六色的画粉画上飞禽走兽或花木。他们一般在碗柜门上画“喜鹊含梅”“餐具碗筷”；平柜、衣柜的门面画老虎，寓意虎虎生威。画傩戏的纸画匠主要画傩文化，一般画的是左师右判、文班武列、王马关张四大天将、诸位宗师、桃源仙洞、四支公曹。老屋坪组人欧胜州是画匠中的能手。益家界组的村民郑朋，为人乐善好施，以务农为主，兼做道师，爱好画画，专画傩文化的纸菩萨。

篾匠 家住马头溪村西边界组的李春雄，生于篾匠世家，祖上三代都是篾匠，手艺精湛，请他编织货需预约排队，因他长得矮小精瘦，乡亲们都叫他“小篾匠”师傅。改革开放后，农村劳力开始外出务工，篾货市场也随之萧条。

画匠

篾匠

罐匠 罐匠是加工生产由纯“鉎”[①] 构成的生产生活器物，如“罐头”“饭罐”“菜锅”“撑架”等。其制作技巧方法、过程也与众不同，每种器物都需要制作模型，不仅式样多，数量也较多，因此成本较大。模型制作完后开始加工时，先把“鉎”通过炉子加温完全熔化成“鉎”水，接着把“鉎”水倒入事先已做好的模型之中，待完全冷却后拆除，所要加工的器物即宣告完成。随着科学技术的发展，也因为成本大、操作难度高，罐匠逐步在马头溪村消失。马头溪村还健在的罐匠艺人仅剩欧胜周。

岩匠 燕宜荣是有名的岩匠，居住在石材名地西边界。西边界所产的石材岩质地优良，广泛用于修房屋、道路、牌坊、桥梁、墓碑、家具、水碾、油坊，建设房屋所需的磉墩、晾方岩、踏脚岩、阶檐岩、平板岩、石狮，以及粮油加工所需的水碾、磨子、碓码等。人们生活中用到的石桌、石凳、水缸、粑粑槽、猪槽、火坑岩等，均出于岩匠之手。岩匠艺人就地开一个广泛的岩场子，一辈子谋生度日，并把岩匠技术传承给儿孙，成为子子孙孙谋生的手段。

瓢瓜匠 瓢瓜匠姚小光是村寨引进的濒危工匠，原籍桃源县牛车河乡，祖上三代都上瓢瓜匠人。从小头脑活络、热爱祖上手艺，年少随父学习挖瓢工艺，从业 40 多年。20 世纪 60 年代初，国家经济困难，百姓缺衣少食，日子异常艰难，姚小光随父串村走寨，凭着挖瓢瓜手艺衣食无忧，使他越发对制瓢工艺心生热爱。40 多年来，在继承祖上工艺外，他对传统工艺进行改革创新，开发出众多新产品，比如独创的养生洗脚盆，因

罐匠

岩匠

① 指生铁。

瓢瓜匠

材质具有通气活血养颜功能、制工精美，备受市场青睐。2010 年，姚小光被马头溪村寨作为濒危工匠引进，并在杨家湾小组建制瓢作坊，为马头溪村举办木瓢加工培训班，培训 28 人次。如今，他与身边 3 名得意门生常年加工各种样式木瓢，产品行销旅游市场，使这门古老的土家民间工艺重新回归，再放异彩。

◉ 家庭传承

家庭延续 马头溪村虽然是多民族聚居的山村，但基本上都延续着土家族的家庭生活方式。他们依山傍水修建吊脚楼，儿女少的人家一般世代同堂，兄弟多的人家一般在结婚后就与父母分居。分家基本是家庭户主做主，分一套或一间生活起居的房子，女方陪嫁来的家具都归其分居的儿媳所有，不给银钱。根据家庭存粮情况，只给一年或半年的粮食和食油，让分居的儿媳自己创业，也是户主对儿媳的考验。这里的土家儿郎大都有一段分家后的艰苦奋斗过程。

耕读传承 马头溪村地处大山深处，山多地少，人均稻田仅 0.7 亩，村民靠种植和养殖能解决一家人的生活，但难以承担供养孩子上学的费用，打工成了当地农民家庭的主要经济来源，年轻夫妇一般在结婚后，便将小孩留在家中，让年迈的父母照看，双双外出打工。2011 年，全村有 889 人外出务工，留守儿童 846 人，其中上学儿童 344 人，需要陪读的儿童 216 人。2017 年村里 85 周岁以上老人 53 人、60 ~ 84 周岁老人 532 人，这些老人除担负起农耕外，还要负责看管小孩，让“耕田养家”和“读书立德”两不误。由于村里没有幼儿园和小学，孩子上学要到王家坪镇，家中老人必有一人在镇里陪读，另一人在家劳作。在镇上的奶奶们则帮助孩子洗衣做饭，还时常在孩子上学后走 2 个小时的山路回到家里帮助老爷爷洗衣服、种蔬菜，再马不停蹄地返回镇上。在这些老人的坚持下，马头溪村的耕读才得到传承，成为远近闻名的教育之村。

村民聊天

祖孙生活

家乡情怀 马头溪村人重情重义，留守在家的村民坚守着祖辈们的农耕和生活方式，传承着民间艺术和民族文化；在外游子时常牵挂家乡的发展，或退休返乡发挥余热，或回乡带领大家共同致富。

护家守土 李承汉是李尧的第五代传人，他心地善良，因智商不高一直没有娶妻生子。因年老体弱，镇政府将他作为五保对象，安排他住进镇养老院，他本可在养老院幸福地度过晚年，可每天都要回家里看看，守在李尧唯一遗留下来的一间半破屋里。有人问他：“难道家里比养老院好些吗？”他说：“只要还有一口气，就得守在这一间半屋子，打扫卫生，捡下瓦，经管和维修好祖辈留下的一间半屋子。”他就这样痴痴地守着李尧故居，呆呆地看着，一守就是一生，从不向别人提要求。李尧故居也因他而得以保存。

空巢老人

织锦培训

培训传承 马头溪村依托良好的民间工匠工艺传承氛围，借助文化艺术和工匠人才优势，采取村主导、部门配合、群众参与的措施，广泛进行民间工艺培训。2010 年春，从龙山捞车河请来国家级织锦传承人，举办了土家刺绣挑花、织锦培训学习班，培训学员 88 人次。2010 年春，举办民画培训班，主要学习梁木、栏板、墙垣、家具、水墨、油彩传统绘画艺术，培训学员 28 人。2013 年秋，在永定区劳动就业局支持下，邀请本村湘西北山歌擂台赛冠军——82 岁的龚桂梅和一批土家民歌歌手培训民歌人才，村民热情很高，踊跃报名，培训学员 128 人次。同年冬，举办土家扬叉舞、草龙灯、存篓舞等土家舞蹈培训班，重点培训马头溪村红牡丹、油菜花、樱桃花 3 个土家民俗艺术团 88 名成员。2014 年秋，邀请张家界土家民间乐器专家楚德新来村培训土家打击乐、唢呐等土家民间器乐，培训时间 10 天，培训重点科目“土家排鼓迎嘉宾”获民间乐器专家学者一致好评。2016 年秋，由本镇著名土家民俗礼仪专家欧宏鑫、李孟英主教的土家礼仪培训班开班，参加培训的学员达 22 人，重点学习土家婚俗、上梁、祝寿等礼仪知识。

除集中授课外，还采取以老带新、互帮互教、家族传承、社会传承的措施，多渠道培养文化艺术、工匠人才。在工匠人才的培训上，独门绝技非一朝一夕之事，得跟师学艺，边学习，边实践，干中学，学中干，2 ~ 3 年学得皮毛，4 ~ 5 年得其形，学上 8 年方可得其神。现马头溪土家十八匠，匠匠有传人。

链接：文化传承人——李炎雄（根据李炎雄口述）

我叫李炎雄，王家坪镇文化站退休干部。在此土生土长的我，在少年时代，便将父母之恩、山水之情和风土民俗深深地烙在了心底。在今后几十年的工作中丢不下情、迈不开腿，将人生精华的 40 多年时间用在保护传承祖宗们留下的文化遗产上。今天，在返聘的岗位上简述自己的文化传承经历。

为了搜集土家文化资料，走遍了沅陵、桃源、慈利、永定一区三县边界乡镇的上千个村寨，拜会了几千名民间艺人和工匠，其间发生的两次重大车祸造成我终身残疾。整理出 800 多万字、280 多卷的土家历史文化资料；与人合作摄制上 10 万幅土家文化艺术图片、500 多件音像视频资料，部分已成为绝版。组织建立了马头溪、紫荆塔、石堰坪、伞家湾等 12 个古村落吊脚楼核心保护区，将 2198 栋吊脚楼修缮加固，保护传承。完成石堰坪村"全国重点文物保护单位"、伞家湾村"中国传统村落"、马头溪村"中国少数民族特色村寨"等国家级荣誉材料的收集、整理和申报工作；完成了紫荆塔、砂子垭、木山等 8 村"湖南省传统村落"材料的收集、整理和申报工作。为挖掘和传承土家民间艺术，成立了 18 支 1800 多人的土家民间艺术队伍，将濒危的土家放排歌、哭嫁歌、打夯歌、扬叉舞、草龙灯等土家歌舞活态传承。

社会快速发展，为不让祖宗们留给我们的生产生活方式被连根拔起，我寝食难安，从开展"土家糊仓节""割谷节""耕牛节""山歌节""狩猎节""斗鸟节""榨油节"民俗节庆活动入手，让村民们记住乡音、留住乡愁。 看着传承上百年、上千年民间工匠工艺随着古稀花甲老人的离去而消失，我痛心疾首，多次向各级政府呼吁要善待这些最后的工匠，并将这些工艺传承下去。我先后动员组织木匠、岩匠、铁匠、篾匠等土家工匠在马头溪村开办培训班。 2012 年，帮助沅古坪镇飞家坪流浪的祖传木瓢工匠姚小光，在马头溪村杨家湾小组落户。如今老人已年逾古稀，技不如从前，但还在带徒授艺，令人钦佩。

现在，我靠着每月 2000 多元的退休工资，和老婆一起寄住在镇剧院的厨房里，看到家乡成为“中国民间文化艺术乡”，乡村旅游也正红火了，乡亲们也念我的好，实感欣慰。今后的日子，不管身居何处，我会坚守着这块土地，并将这片土地上的民俗文化传承下去，直到生命结束。

马头溪村党员家庭家规家训

表 4

序号	姓名	家规家训
1	李东周、李启学	修福积德
2	龚冠雄、龚汉球	人敬我一尺，我还人一丈
3	向菊英	勤俭好比针挑土
4	全爱霞、龚要求、秦能菊、龚庸洲	有借有还，再借不难
5	全炳云、全国太	堂前教子，背后教妻
6	全耀章	学高为师，身正为范
7	龚素婵	做事不缺德，儿孙都顺贴
8	郑明华	以德服人，以理服众
9	欧元兵	说话算数，家养好牛
10	张雪春、全玉清	种瓜得瓜，种豆得豆
11	全中能	有恩必报，得理饶人
12	石安书、全瑞英、石玉印	一年之计在于春，一日之计在于晨
13	全录章	勤劳生富贵，懒惰出贫穷
14	龚冬梅	钱到黄楝树下，不苦不得来
15	龚桂梅	四代同堂，和睦为上
16	李兵姐	不做亏心事，哪怕鬼敲门
17	李雪姣	屋边邻舍好，如同捡个宝
18	龚明跃	身正不怕影子斜
19	张任芝	远亲不如近邻
20	欧沂汉	修桥补路，增福增寿
21	李岗文	兄弟齐心，其利断金
22	全华求、全绍	莫做缺德事，多做解交人
23	李仙桃	有大有小，尽忠尽孝
24	全国炎	干工莫偷懒，读书莫靠边
25	郑显雄、欧明姿、郑勇军	衣食不在懒人边
26	欧胜楚	逢恶不怕，遇善不欺

续表 4

序号	姓名	家规家训
27	张元菊、何中华	家和家不败
28	金树宏	好事做到底，好人做到头
29	龚西南	田要深耕，读书精心
30	龚慧娥	针尖削铁，积少成多
31	龚清洲	帮人帮己，害人害己
32	欧明汉	害人的事莫搞，犯法的事莫违
33	全立雄	人人为我，我为人人
34	李启中	勿想身外之物，莫贪身外之财
35	燕金玉、欧胜贵	草薅三次，书读百篇
36	全松球	好事做到底，为人为到头
37	何灼雄	养儿不读书，如同养个猪
38	全华池	做人诚不诚，黑地里作揖凭良心
39	龚锡寒	节俭兴家
40	全廷标	和气生财
41	全佐汉	田要深耕，人怀好心
42	郑兴全	财多害己，食饱伤人
43	郑显标、郑勇	家有一老，百般都好
44	郑英周	舍不得伢（爹）钱，学不到儿乖
45	欧宏早	读书穷不久，不读久久穷
46	龚超海	不做亏心事，应作起和人
47	龚庸伟、龚庸芳	好人做到头，增福又增寿
48	全廷达	孝敬爹娘，儿孙榜样
49	金尧阶	儿要教，草要薅
50	龚桂楚	勤是富贵本，俭是聚宝盆
51	张猛	盘儿读书，多养肥猪
52	金壮飞	三十不豪，四十不富
53	李霞	兄弟一股绳，十指连肝心
54	全标风	家有良田万顷，不如薄艺在身
55	张琪	跟好人学好人，跟仙娘弄鬼神
56	全廷泽	长哥长嫂当爹娘
57	全恒	干工莫偷懒，读书莫贪玩

续表 4

序号	姓名	家规家训
58	全教谋	钱财如粪土，仁义值千金
59	陈金艳	吃不得亏，成不得堆
60	全蕾	修桥补路，修福积德
61	全中球	贵在书中求，富从耕中来
62	张爱春	邻舍好，是个宝
63	郑金龙	懒惰出贫穷，勤劳生富贵
64	郑克雄	一根光棍，十个棒撑
65	欧中华、欧中军	苦读勤耕，励志儿孙
66	全胜	一人当兵，全家光荣
67	龚超铭	勤俭过日子，勤劳度光阴
68	郑胜	勤为根，读为本
69	李龙平	人往高处走，水往低处流
70	张华清	传儿两件宝，一读二耕不能少
71	欧胜洲	家风正，出很人
72	欧阳照、赵燕	家规严，儿品端
73	欧立勇	四代同堂，团结为上
74	郑建	学到老，用到老
75	李吉雄	不帮亲邻，孤家寡人
76	欧化	有过不包庇，有功莫奉承
77	张胜伟	学艺不精，误了终身
78	龚明	水开不响，水满不淌

民间艺术

马头溪村是历史悠久的土家民俗文化村。村寨土家先民在认识自然、改造自然的历程中，创造了灿烂的土家歌舞民间艺术。土家放排歌是村寨土家先民用生命谱写的悲壮之歌，土家哭嫁歌是土家人亲人分别之歌，土家打夯歌是土家人的劳动之歌。还有喜歌、寿歌、盘歌、情歌、土家扬叉舞、蓑衣舞、阳戏、土地戏等，传承千年。

多姿多彩的村寨歌舞戏剧、民间艺术成为村寨的重要文化品牌，脍炙人口，受到媒体、专家学者、高校师生的广泛关注和广大游客的喜爱。马头溪村依托土家民间艺术优势，成立了油菜花土家民俗艺术团、樱桃花土家民俗艺术团、红牡丹土家民俗艺术团。这些土家歌舞、民间戏剧作为村寨文化旅游品牌，对马头溪村文化旅游的发展起到巨大的促进作用。

土家乐器

马头溪土家人的娱乐场所多在田边地头，主要是利用劳动休息的间隙排泄疲劳，缓解紧张情绪。说唱娱乐多在野外，山歌、苗歌之类可在生产劳动过程中进行。娱乐方式多种多样，多为即兴。

吹木叶　马头溪土家山寨民间的爱好。曲调婉转悠扬，欢畅愉悦，或拟鸟兽之声作口技，伴民歌，具乡土气息。乡里有吹木叶求偶的习俗，歌词是："满山木叶堆打堆，问哥会吹不会吹？千两银来万两银，难买阿妹一颗心。哥把木叶吹响了，只动木叶不动媒。媒婆嘴巴磨出血，不抵一曲木叶情。"

吹唢呐　吹唢呐是马头溪人常见的娱乐形式。民国年间称吹唢呐、打排鼓的艺人为吹鼓手。男婚女嫁、寿辰庆典、丧葬吊念、添人进口等重大活动中，都离不开吹鼓手，尤以婚嫁活动为最。后因西洋器乐渗入民间，铜管号鼓成为乡间庆典活动的专职乐队，唢呐、排鼓逐渐退出市场。关水坪还可见幼童学吹唢呐，马头溪打排鼓也还有老一辈的鼓乐能手，传统技艺后继有人，传承有望。

吹唢呐

打排鼓

打排鼓 打排鼓也叫打溜子，在没有洋鼓洋号的年代，马头溪村土家人的红白喜事都热衷于排鼓作乐。马头溪村只有郑氏、欧氏两班人马有吹打技艺。排鼓班子每班少者5人，多者8人组成，配有大鼓一面，唢呐1～2把，铜钹2幅或4幅。无论红白喜事，都是先点鼓，其他乐器随之而起。排鼓音谱有别，红喜事一般迎客送客吹打“红辽子”音谱，放坐团时一般吹打“喜鹊含梅”“青梅绕桥”“莲台献宝”“仙女散花”等曲谱；白喜事一般是“打围鼓”“音五雷（大鼓雷奏）”“孝子绕丧”“王强卧水”等曲谱。

◉ 土家歌舞

马头溪村村民人人会写诗作赋，个个能歌善舞。村里田间地头都是百姓的舞场，河边、风雨桥上是土家村民的歌台。诗词歌舞不仅是马头溪村民追求爱情的方式，也是化解民族纠纷、增强民族团结、促进民族认同的桥梁和纽带。马头溪村歌舞形式多样，来了客人唱迎客歌，结婚唱喜歌，生日唱寿歌，上坡唱山歌，放排唱放排歌、喊号子，插秧兴“糊仓”，薅草唱薅草锣鼓歌，秋收跳“扬叉舞”。马头溪村也是神秘的傩技巫术的传承之村，被称为土家歌谣发祥地。

童谣

虫儿飞

板板打，虫儿飞，一飞飞到嘎嘎去。

嘎嘎不赶狗，咬了虫儿手。

嘎嘎不打蛋，虫儿不吃饭。

嘎嘎不筛茶，虫儿满屋爬。

嘎嘎不杀鸡，虫儿要回去。

排排坐

排排坐、吃果果，

你一个、我一个，

妹妹睡着了，给她留一个。

豌豆八个

豌豆八个，割麦插禾。

爷爷整米，奶奶洗锅。

请个新客，吃餐场火。

推磨磨

推磨磨、拉磨磨。

推粑粑、养妈妈。

推麦麦、养伯伯。

推粉粉、养婶婶。

萤火虫

萤火虫，夜夜红，半夜起来点灯笼。

灯笼低，杀只鸡。

鸡肚长，杀只羊。

羊角弯，翘上天。

天上星星闪又闪，

好像满天萤火虫。

扇子歌

六月天气热，扇子借不得。

虽然是朋友，你热我也热。

烟儿莫烟我

烟儿烟儿莫烟我，我来帮你搞柴火。

烟儿烟儿莫烟他，我来跟你烧粑粑。

月亮起来亮堂堂

月亮起来亮堂堂，我就起来学熬糖。

熬糖难熬粥，我就学卖肉。

卖肉难杀猪，我就学读书。

读书难写字，我就学道士。

道士难念经，我就学穿针。

穿针逗不笑，我就学打灶。

打灶安难锅，我就学唱歌。

唱歌唱不妙，我的本领学完了。

寿歌　寿歌是马头溪土家族的一种民间歌曲，专为祝寿者演唱的。村里凡有60～100周岁高寿长者庆贺生日，白天吃酒，晚上便请一群歌师，将三五张方桌拼成一条，摆上糖果糕点、茶水，寿者端坐上方正中，众亲友和歌师们边吃边唱。唱词大都是“松鹤延年松不老，南山松柏百年春”之类的恭贺词。场面十分热闹，常常通宵达旦，充满了土家风情。

山歌　马头溪村人无论男女老少都爱唱山歌。山歌多是以情歌为主，唱词四言七字，要求鲢鱼咬尾，一、二、四句押韵，三句为拗句，不同于七绝的是文字可以重复，不限平仄，但要求语言生动活泼，风趣幽默，无论在什么场合，歌者都可随口便歌。山歌分男女对唱，一般没有准备、预演，基本上是临场发挥，所唱内容要与所参唱对象有关，紧紧抓住对象的名字或其他特点，激起对方豪情奔放，赢得听众拍手大笑。山歌对唱实质上是一场陶冶人们情操的娱乐活动，传承至今。

民国初期，张桃妹因不满包办婚姻，从家里逃出来，被家族的张团长视为败坏门风，抓到清浪河沉水。在场的数百名群众求救，团总两难，于是出题让桃妹从一到十、百、千、万，再由万、千、百、十至一为题唱歌。如果能连接着唱出来，就放她一条生路。桃妹不假思索地唱道：

一笔难写两个张，三叔四伯听端详。
五六七岁丧父母，八九十岁当童养。
百样打骂我受尽，千种愁苦对谁讲。

桃妹之歌群英会

万言千语难开口，百般无奈走他乡。
十指咬破无法施，九死一生盼重阳。
八方求援无人应，七巧上弦月无光。
六月天热我心冷，五湖四海谁体谅。
三天将我捉两次，不如一死见阎王。

张桃妹用山歌解救了自己。

山歌的种类很多，常见的有情歌、喜歌、太平歌、寿歌、哭嫁歌、迎客歌、采茶歌、上梁歌等数十种。马头溪村是张桃妹经常唱歌的村寨，龚桂梅就是张桃妹的关门弟子。马头溪村的人们个个会唱歌，不愧为山歌村寨。

链接：情歌歌手

龚桂梅，1935 年出生，其父龚明章，家道富裕。6 岁课师家教，7 岁通背千家诗，因爱唱土家山歌，8 岁便登台即兴演唱土家民歌，成了远近有名的土家小歌手。乡下无论大小事，东家请，西家接，请她表演土家民歌。

1949 年，龚桂梅一家被划成富农成分，田产被分给他人，父母遭到批斗，龚桂梅失学，年少务农，生活跌入谷底。在那个富耻穷荣的年代，父母怕她重蹈他们的覆辙，把她嫁给一个大字不识的小篾匠，终因文化差异大、志趣不同，成为一桩甩不掉、合不拢的痛苦婚姻。龚桂梅为排解心中的苦闷，便寄情土家民歌，白天唱歌润歌喉，晚上唱歌当枕头。一年四季歌当饭，烦闷全靠歌解愁。她广交歌友，遍访名师，歌艺精进，在大庸、慈利、沅陵、桃源四县土家山歌擂台赛上，一路过关斩将，力挫群雄，夺得歌王的桂冠，成为继土家歌魂张桃妹之后的又一土家歌王，名扬边界四县。

龚桂梅先在剧团工作，剧团解散后，就担任村妇女主任。由于工作热心负责，深得村民好评。改革开放后，她来到镇上开起了饭店，取名“歌友之家”，成为四界八乡歌手聚会的歌场。有时，龚桂梅放着红红火火的生意不做，与歌友一展歌喉，过一把歌瘾。后来她担任王家坪山歌队队长，手下三百多名歌手，活跃在村寨墟场、农家红白喜会场中，为边界四县带出一批优秀的土家民歌人才。

之后，龚桂梅回到村里，把民歌爱好者召集起来，办起“油菜花土家艺术团”，毛遂自荐当起了团长。她带领28名团员将濒危的放排歌、打夯歌、哭嫁歌等土家民歌发扬光大，还上了湖南卫视直播苏木绰的节目。镇里又聘请她担任镇中心学校的土家民歌辅导员，培养土家民歌人才。她曾对央视记者说：“我这一辈子是为歌而生，为歌而活，如果没有土家民歌，我也就没有什么活头了”。而今她已82岁，身板硬朗，忙于整理这辈子创作的土家民歌，打算出一本《桂梅山歌集》，了却她这辈子心中的愿望！

哭嫁歌 “哭嫁”是马头溪土家族人婚姻习俗之一。姑娘出嫁时必须唱《哭嫁歌》。土家姑娘在哭嫁时唱的《哭嫁歌》，是一种边哭边诉的歌，其内容和形式也多种多样，既有数百年来沿袭不变的固定程式，又有即兴而作，如一人单哭、两人对哭及多人合哭等。哭嫁讲究哭中有唱、唱中有哭、既有放声哭唱的，又有低声泣唱的。哭唱还有曲牌、调式，多如山歌、灯歌及小调类，虽然注律比较简单，却也优美、流畅、委婉动听，凄楚之情饱含其中。歌词以长短句为主，也有五言七句、七言四句、七言五句。程式化的歌词强调押韵，生活气息浓郁，情愫内涵深厚，并富有反抗精神，以《骂媒人》最为突出。

附：哭嫁歌选录

骂媒人

满堂宾客您且听，听我妹子说媒人。
天上无云不下雨，地上无媒不成婚。
河中无水不行船，手中无线不穿针。
婚姻原是由夙缔，荷叶莲蓬藕上生。
红叶是个两面嘴，把人女儿做人情。
花言巧语说一套，说得两家订了婚。
媒钱礼物得足了，又是猪头十二斤。
发了八字就求话，又来说合要结婚。

男大须婚女大嫁，说得爹娘来依允。
六礼良钱办好了，抬起花轿来迎亲。
吹吹打打到我家，鞭炮炸得雾沉沉。
媒人这天好威风，好像新官来上任。
牵线搭桥已成功，笑在眉头喜在心。
今天含泪来骂你，媒人是个害人精。

哭祖宗

哭我祖宗在天灵，为人忠厚扬美名。
世代务农勤耕作，待人谦和守本分。
我今嫁到人家去，为祖争光请放心。
夫唱妇随成家道，尽忠尽孝了子平。
夫妻相亲又相爱，公婆面前尽孝顺。
逢年过节供香火，慰我祖宗表虔心。

哭爹娘

狠心爹爹狠心娘，何不留我在身旁。
多留一年多学乖，多留一月学家常。
三四五岁身边旋，七八九岁守闺房。
十一二岁略知事，十四五岁紧跟娘。
人家女儿规矩大，你的女儿无一样。
送到婆家早早起，要敬双亲烧茶汤。
几多事儿没学到，狠心爹爹狠心娘。

哭哥哥

我的哥哥心太狠，你把妹妹背出门。
把我放在风岗上，你又怎样放得心。
爹娘老了工夫多，千斤担子你担承。
堂前你要多孝顺，代我妹妹一片心。

哭母亲

哭我母亲泪汪汪，盘儿养女忙断肠。
十月怀胎千般苦，茶饭洗补靠你忙。
田里工夫件件做，山里工夫靠您帮。
勤耕苦做度日月，头上青发染白霜。
生我养我扶我大，恩情未报又离娘。
今后立志报娘恩，回家省亲常来望。

哭姐妹

姐妹分别泪淋淋，口里说话喉咙哽。
往日姐妹同玩耍，看牛打柴一路行。
山歌唱得过山坳，笑话飞上九天云。
一群画眉冲散了，一窝鸡儿冲散群。
好姐好妹不常来，早劝爹娘莫接人。
姊妹相见知何日，等妹来时姐转身。
火烧粑粑各有主，怎么由得本人心。

哭嫂嫂

我的嫂嫂人俐良，长哥长嫂当爹娘。
教我绣花和做鞋，一夜忙到大天亮。
哥嫂互相都尊重，有话从没大声讲。
明天和妹分别后，兄妹情谊万年长。

哭戴花

一朵大花红艳艳，姊妹戴在我胸前。
金环吊在我耳上，双手戴的玉手圈。
虽然红花人人爱，我含眼泪无心看。
从此我要做大人，戴花如同戴座山。
鼻子不能闻香味，口中吃肉如吃炭。

身上哭瘦几斤肉，为了出嫁苦万般。

哭开脸

扯了闲毛改了样，改了样子好凄惶。
梳个盘龙髻一个，不比从前跟着娘。
从此要待人父母，你女做人苦难当。

妹妹哭

姐姐不必泪淋淋，妹妹和你诉衷情。
明日姐姐出嫁后，孝敬父母我担承。
弟弟妹妹年又小，日夜操劳我尽心。
明日姐姐出闺后，姊妹难舍又难分。
自古常言道得有，女大须嫁男大婚。
姐姐尽管放心去，哭脸当作笑脸人。

姐姐哭

我的妹妹莫心伤，前朝古人有榜样。
你到郎家敬公婆，每日早起问安康。
热要奉茶寒生火，饿要敬食渴敬汤。
天天都要照样做，堂前孝顺不可忘。
款待人客要周到，对待邻居热心肠。
夫妻总是要和睦，之子于归理应当。

哭打发

笋子出土连竹根，蠢女出嫁连六亲。
我虽不是你养的，分别难舍泪淋淋。
如今我嫁到婆家，呼天叫地没应声。
手中没有半文钱，文钱逼死英雄命。
都是养儿养女心，嫁女如同割肝心。

感谢亲戚来照料，讨个打发好动身。

哭上轿

红花轿子四四方，四个轿夫跑得忙。

女子只有嫁为大，吹吹打打闹洋洋。

接亲人马牵成线，送亲队伍排成行。

谁都不知离别苦，坐轿好比坐牢房。

虽然把我人抬走，我心还在娘身旁。

儿女是娘身上肉，叫我怎么不心伤。

打夯歌 马头溪村打夯歌兴起于解放初。穷人翻身，精神焕发，便兴起打夯歌。特别是大跃进时期，集体大生产阶段，为打夯歌的高潮期，一般出现在人数众多的劳动场面上，例如筑堰堤、修河坝、拖巨石、榨油等。其歌词是："嗨着力啊，嗨着，同志们，加油干啊，嗨着。"简单的打夯歌词重复使用，目的是按号子的节拍，齐心协力，将力使在一点上，增强劳动气氛，提高劳动效率。

风趣歌 风趣歌又称"雀宝歌"。这类歌主要是娱乐众人，故意正话反说，将不可能的生活现象和事物唱得煞有介事。如："风吹岩头滚上坡，急水滩头鸟起窝，鱼咬鸬鹚羊咬虎，鸡生牙齿马长角，家中有副岩磨子，遭虫吃成光壳壳。一根灯草捆水牯，八天八夜没挣脱。牛栏里面关蚊子，硬是挤得莫奈何。两个和尚来打架，头发扯得像鸡窝。"风趣歌一般在歌会歌台开场时唱，起打闹台作用，造成一种热闹气氛。在其他一些歌谣的演唱中也可穿插风趣歌。薅草锣鼓歌中唱扬歌时，就经常唱风趣歌，如："矮三郎，矮三郎，连脚带手六寸长，喊他园中去摘菜，他和韭菜一样长；喊他碓房去赶鸡，他怕鸡公啄衣裳；喊他田边看稻谷，他和麻雀打一仗……"风趣歌多为即兴演唱，最能反映歌手敏捷的才思。

放排歌 马头溪村的土家儿女在插秧或秋收后的农闲季节，常常划着竹排在河里比赛。有钱人悬赏，谁夺标为赢，分单人划和双人划，自己邀伙计。土家儿女也有夜坐竹排对歌的习俗，一对对土家儿女相互倾诉衷情。

竹排对歌

男：闲暇之时心开怀，

我邀妹妹划竹排。
平水悠悠心情好，
妹妹哟！
对月三人上歌名。
女：对月三人上歌名，
蓝竹下河好安排。
广寒宫里嫦娥苦，
哥哥哩！
家务琐事难分开。

放排号子 马头溪村的村民们在长期的放排生涯中，为了战胜困难，闯过险关，大家力朝一处使，形成了一整套放排号子。

一人领：伙计们 哩
众：哎嗨哟
领：风浪急 哩
众：哎嗨哟
领：把稳篙 哩
众：哎嗨哟
领：过险滩 哩
众：哎嗨哟
领：莫打野眼
众：哎嗨哟
领：莫想妹子
众：哎嗨哟
领：莫花心 哩
众：哎嗨哟
领：前方乌儿槽
众：哎嗨哟
领：有暗洞 哩
众：哎嗨哟
领：有暗礁 哩
众：哎嗨哟
领：莫分神 哩
众：哎嗨哟
领：点稳篙 哩
众：哎嗨哟
领：险已过 哩
众：哎嗨哟
领：再起浪 哩
众：哎嗨哟
领：下大雨 哩
众：哎嗨哟
领：风浪急 哩
众：哎嗨哟
领：要站稳 哩
众：哎嗨哟
领：莫动摇 哩
众：哎嗨哟

领：早到洞天溪 哩	领：带回家 哩
众：哎嗨哟	众：哎嗨哟
领：找相好 哩	领：生娃娃 哩
众：哎嗨哟	众：哎嗨哟

扬叉舞 扬叉舞是村寨最具代表性的民间舞蹈。土家先民在原始农耕文化时代，就拓荒种粮。因人烟稀少，成群野兽与人争粮。土家先民为防止野兽糟蹋粮食，组成数十人的护粮队伍，在夜晚来临时燃烧大堆篝火。他们喊着赶山号子，举着枞膏火把，绕着通红的篝火，跳起驱赶野兽的舞蹈。到了盛唐时期，人民安居乐业，扬叉舞逐渐演变为村寨每年一度约定俗成的庆丰收舞蹈。收割季节，人民将收割的稻草打草上树扎堆，作为耕牛过冬的饲料。这种打草扬场上树扎堆的农活非一家一户独立完成，而是山寨乡亲相互帮工。经传承，逐渐形成王家坪土家族每年一度庆山寨丰收的聚会。大家吃着自己炕制的大块腊肉，喝着自己酿造的大碗玉米烧酒，以酒助兴，由一对能歌善舞土家青年男女手握扬叉领舞，山寨男男女女打草扬场，随着土锣大鼓的激扬节奏，大家和着喊山号子，数十人甚至数百人跳起扬叉舞，声震群山。他们将劳动的艰辛、丰收的愉悦，抒发得淋漓尽致。扬叉舞被世界文化遗产开发公司迈克尔博士称之为“来自远古之舞”。

扬叉舞

采茶歌舞 采茶歌是土家先民以每月节气为背景创造的一种民间歌舞。节拍紧凑的乐器伴随着悠扬的歌声和丰富多彩的舞姿，歌颂茶农姑娘为追求幸福，不怕艰辛，用一双灵巧的双手摘回嫩绿的茶叶、学习到茶技术、创造出芳香美味茶品的过程。马头溪村的油菜花艺术团为弘扬传承文化，精心练习和表演采茶歌，深受群众和游客欢迎，为乡村旅游增添了色彩。

铜铃傩舞 铜铃傩舞又称八宝铜铃舞，是一种祭祀舞蹈，意在颂祖、祷告先人，祈求阖家幸运。八宝铜铃是土老司主持祭祀仪式用的“法具”之一，铜铃安有木柄，上刻一马头，长 30 厘米，木柄左右两端各安 3 颗铜铃。系铜铃的五色丝带选用马的鬃毛，象征着土老司做法事时骑着一匹宝马。跳八宝铜铃舞时，土老司头戴凤冠，身穿八幅罗裙，头裹红丝帕，腰挂短刀，右手持牛角，左手拿八宝铜铃，边摇边舞边唱梯玛歌，间隙中，吹牛角号，烘托气氛。土老司翩翩起舞时，八幅罗裙撒开，如同孔雀开屏。铜铃舞分坐式和立式两种，有“摇铃喂马”“逗马”“上马”“跨马”“奔马”“赛马”“下马”

傩舞

和“上天堂”“下地狱”“过天桥”“打秋千”等动作，舞蹈丰富多变，再现了土家祖先骑马迁徙、征战的情景。

群花灯 群花灯是土家族人们从几经演变的傩戏中分出来的民间曲艺。经过千百年传承与发展，由两人表演的花灯发展到十人、十几人不等。马头溪村村民出演群花灯时，男着青蓝色缀花边对襟衣裳，红花手巾缠头一圈，腰扎红丝带，脚穿布鞋；女穿花衣裙，头戴凤冠，脸施薄粉，手持彩扇，脚上的一双绣花鞋更是醒目。随着锣鼓声，一对对男女出场转一圈儿，二胡奏过快门后，女先唱“叫一声呀啊，你是听啦，呀呀喂子哟”，男唱“正月里来是新啦春啰”，合唱“呀呀子喂，喂呀喂子哟”。男随锣鼓声舞动腰丝带，围女旋一圈，抬眼上看；女的把彩扇半掩面与阿哥眉目传情。接下来众男女齐唱齐舞，二胡悠扬，锣鼓高奏，舞台上衣带飘飘，彩扇飞舞，愉悦动人。马头溪村的群花灯，是原汁原味的民间艺术，是集传统文化和土家风情于一体的戏剧形式，深受当地人们的欢迎。

群花灯

狮子灯 狮子灯原名狮子舞。据《沅陵县志》记载，狮子灯属于舞技技者，五方狮子舞，缀毛为之，人居其中，双人张口，像其俯仰驯服之容，二人牵绳珠，为戏弄之状，歌者舞其太平。王家坪狮子灯具有百年传承历史，经历代演变，至今有罗汉牵狮、金猴押狮等形式。

村寨狮子灯是土家山寨重大聚会、土家民间喜庆事宜中的一项重要娱乐活动。历有“有庆就必有狮子灯，有喜必请狮子舞助兴”的说法，狮子舞进门，先请主人后拜神。舞狮时先进东家中堂参神拜五方，祝词为：“三头元身四脚行，一半牲畜一半人；来到堂前无别事，慢拜五方再参神。”舞狮人必须练武之人，且功底深厚。玩四轮、参主是一般舞技，最惊险的是“猛虎上山”，在叠好的四五张高大方桌上，逐层向上爬，直达顶层，作楼台望月，然后头贴堂屋中梁，做狮子舔梁，而后腾空而下，头离地，尾在梁下打滚向主人贺喜讨彩头。民国年间，王家坪狮子灯应邀参加湘西北庙会，由于赶庙会的人山人海，舞狮者无路可行，只能提神运气，从一丈多高岩坎跳上庙会祭祀台，因此声名大震，被称之“湘西北第一狮”。狮子是百兽之王，能降服、驱赶危害庄稼、糟蹋粮食的野兽，因而王家坪土家族人十分崇拜狮子。遇家事不顺，或多灾多难，就舞狮消灾、灭殃、求福。狮子成为神灵的化身，视舞狮人是人与神的沟通者，狮子灯成为村寨土家人的精神寄托，永远的精神家园。

◉ 土家戏剧

明清年间，两河口、马头溪风雨桥因地处交通要道，店铺林立，市场繁荣，聚居人口较多，乡村集市兴盛，流动人口密度较大，桥头均设有戏台。逢集市之日，桥头戏台便有王家坪龚至善、龚丕云等人组建的汉戏、阳戏草台戏班开演，有时当地傩戏也会穿插其中，表演一些傩戏经典曲目，但多数是受人之托，在傩祭中进行的。傩戏中的道具极为简单，就是土老司做法事时手中的司刀、傩铃。土老司口中念诀，摇动傩铃，双手踩罡，神秘而热烈。因傩文化最初发源于母系社会，傩戏中所表演的人物以女性最多。

阳戏 阳戏是最具土家族民俗风情的地方戏曲，有唱腔甜美、韵律明快、语言生动等特点。演唱时多用民间俚语俗语，通俗易懂，是老百姓喜闻乐见的戏曲形式。由于马头溪地处湘鄂边区、湘西北腹地，是湘西北贸易古道枢纽，历史上曾是贸易往来、移民屯军之地，多种文化在此并存交融。沅水巫风楚声繁衍曼妙，蔚为大观，阳戏受此熏染，从傩祭、傩戏、傩技的演绎之中，逐步蜕变，不断进化，脱颖而出，清中期臻于成熟，自成一派，成为地方戏剧的瑰宝。

阳戏俗称“扬花柳”，最显著的特点为“金钱吊葫芦”唱腔。其风格独具，韵味无穷，被专家誉为“三湘一绝，五溪奇葩”。阳戏历史悠久，源远流长，纵跨十五代，横跨湘西北，声驰沅澧，誉满三湘。历史上阳戏班社，演出场地不拘，草台、祠堂、庙台、堂屋，甚至方桌相拼也可演出，故俗称“草台戏”。由于表演者熟悉本民族的传说和民族习俗、生活习惯、生产生活方式，形成了本民族的艺术风格。如彩钱、打捻头、挑花、刺绣、打水、挑水、摘花、洗衣、做饭、搬柴、薅草、插秧、开荒、挖地、播种、割谷、女人哭嫁、男人告祖等动作，有些几乎照搬生产生活，原汁原味，自然亲切。

阳戏演出基本采用地方语言，俗语俚句，贴近生活，贴近百姓。正因如此，阳戏才得以流传百年，同时又因这一语言特色，使阳戏独具个性、声名远播。

阳戏

阳戏集“歌、舞、戏、文”于一体，演出的剧目有完整的故事，鲜明的人物，歌颂人间善良、鞭挞社会丑恶的情节，可谓有血有肉、有魂有魄，演出的内容几乎都是反映家庭伦理道德的家常戏，注重为人处世、行善积德、惩恶扬善等思想宣传，在潜移默化中起到引导教化的积极作用和效果。阳戏是土生土长的民间艺术，与当地的生活紧密相连，是民间娱乐、文化活动，是当地人的精神家园。老百姓无不感慨地说：“宁舍饭和酒，不舍扬花柳，敲着空碗唱阳戏，穷开心。”可见阳戏深入土家族人文化生活的骨髓，在群众心中的地位无法取代。

1981 年，王家坪镇成立阳戏剧团，马头溪村选派多名戏剧人才参加，学成后回到马头溪村，成立樱桃花艺术团。十多年来，这些优秀人才扎根农村，自组乐队，自筹资金，自编自演阳戏 10 多部，带动马头溪阳戏队伍人才辈出，不断发展壮大。

土地戏　土地戏是由民间的一种口头形式的小戏演变而来，隋唐时期称“社稷戏”，是一种接地气、贴近生活的土家族独特戏剧。土地戏寓意“地生人，人生戏，人生如戏”，最初纯为乡里民间自娱自乐的草根戏。明清后，逐步演化，从民间草台戏，步入公堂、衙门唱堂会。演出道具、服装一改粗布长衫，雕刻粗糙的面具，换上挑花绣边丝绸长衫，面具涂红贴金，流光溢彩。表演时，乐器最初由表演者自打自敲，后发展到有专门幕后乐队，演出效果大增。凡民间有喜庆场合，土地戏都是不可缺少的娱乐活动，被专家学者称为中华民族民间戏剧的“活化石”。

土地戏

土地戏一般由“土地公公”“土地婆婆”两人表演，也有一公三婆。“土地公公”头戴涂红贴金面具，手握龙头拐杖，慈祥可爱。“土地婆婆”身着蓝布印花上装，脚穿绣花布鞋，头包印花毛巾，手持油纸短扇。土地戏没有固定台本，触景生情，即兴演唱，和土家民歌如出一辙，也是区别于其他民族民间戏剧的重要特征。因口头流传，有很多经典的台词台本未能流传下来。土地戏要求表演者不仅要才思敏捷，口才好，而且要博古通今，熟悉民俗，通晓民间礼仪。表演起来，流畅自如，有板有眼，感人肺腑。所表演的内容大多都是祝寿、贺喜、庆丰收、尊老爱幼、夫妻恩爱、家庭和睦、勤俭持家、善恶有报等，以教化乡民、弘扬社会正气。

链接：

在锣鼓声的伴奏下，土地公先出场，唱道：叫一声哩，我的婆哦，赶快开门来接我。土地婆边出场边唱：你在外哩，皮绊多呀，蚂蟥缠到鸬鸶脚。土地公唱：我正为呀，又正做，莫听旁人撒野火。

婆：家中事，多又多哟，你也只顾人跑脱。

公：老婆子哎，莫起火，一切都是我的错。

婆：叫一声哎，老家伙，今后在家掌好舵。

公：那么说，那么做，只要你能原谅我。

婆：抚儿女，靠父母，养不教来父之过。

公：叫儿女，两边坐，今晚上堂家庭课。

婆：勤苦读，莫懒惰，读的书多见识多。

公：为人子，显父母，耕读为本才正确。

婆：长志气，从父母，学会挑花又绣朵。

公：到婆家，敬公婆，夫唱妇随要和睦。

婆：只为善，莫作恶，行善胜过念弥陀。

公：愿国泰，民安乐，一齐同唱太平歌。

公：叫一声，我的婆，赶快开门来接我。

婆：你在外，皮绊多，蚂蟥缠到鸬鸶脚。

公：我正为，又正做，莫听旁人撒野火。

婆：家中事，多又多，你也只顾人跑脱。
公：老婆子，莫起火，一切都是我的错。
婆：叫一声，老家伙，今后在家掌好舵。
公：那么说，那么做，只要你能原谅我。
婆：抚儿女，靠父母，养不教，父之过。
公：叫儿女，两边坐，今晚上堂家庭课。
婆：勤读书，莫蹉跎，幼而不学老为何。
公：勤苦读，莫躲学，读的书多见识多。
婆：窦燕山，与孟母，教子成名后人学。
公：若为农，莫懒惰，勤俭持家谋生活。
婆：要深耕，要细作，收得多来积得多。
公：为人子，显父母，耕读为本才正确。
婆：若学艺，莫闲过，浮萍鱼儿切莫啄。
公：宜三思，要自觉，品行端正得人和。
婆：莫打牌，莫赌博，酒色赌气丧命多。
公：做女儿，在闺房，娘的教育记心窝。
婆：若外出，规矩多，时时刻刻跟娘学。
公：扯是扯，戳是戳，别人都说娘的错。
婆：长志气，从父母，学会挑花和绣朵。
公：在婆家，敬公婆，夫唱妇从要和睦。
……

傩愿戏 傩是原始宗教的产物，是驱邪除疫、攘凶纳吉的一种悠久的神秘仪式，也是中国最古老、意蕴最深厚、最具生命力的活态传统文化，属国家非物质文化遗产。傩起源于中国远古狩猎时代的驱逐法术和巫术，根植于自然崇拜、图腾崇拜、祖先崇拜、鬼神崇拜的原始文化沃土。

傩愿戏又叫“傩戏”，是巫傩文化的一部分。傩愿戏由傩拜发展而成，是古代傩神祭祀说唱与戏剧文化相结合的综合艺术。傩愿戏的演出带有地方性的宗教活动色彩，扮演者多系职业巫师，演唱者多在 12 人以内，在堂屋里或屋外搭戏台，其服装或青衣、或红袍，头戴凤冠或老君帽，且歌且舞且道白。

傩愿戏有高傩、低傩之分，唱腔较为丰富，生角有老生腔、小生板、土地等，旦角有姜女板、绣花板、梅香板等，丑角有十八扯、货郎板、探子数等，还有通用的教训调、观花调。傩愿戏唱腔吸收了一些地方民歌的特点，唱词多为即兴演唱，在两人或多人的对唱中，傩愿戏真实地反映本地群众敬祖、尊老爱幼、回归自然、热爱生活的良好愿望。傩愿戏在马头溪村传承数百年，现有 25 人的戏剧班子。他们自力更生，自筹资金，制乐器、购服装，凡有庙会、堂会、重大庆典，一般都有傩愿戏的表演。采用戏剧方式，敬神念佛达到教化育人的作用。在傩祭中，有的法事就是傩戏，它是戏剧的原始雏形，情节简单，表演粗糙，伴以土锣大鼓、钹、海螺、牛角等乐器，甚是热烈。精彩之处，东家燃放鞭炮、撒下红包，捧场助兴，把傩戏表演活动推向高潮。

傩技法师

链接：小戏《传茶》《渡酒》

传茶

二人打开桃源洞，走出金童玉女人。
东边驾朵祥云起，西边驾朵紫云开。
祥云起，紫云开，金童玉女下凡来。
来得天高路又远，茶未吃来酒未开。
说此茶，道此茶，天地初开元有茶。
唐僧西天拜如来，顺带茶籽下天涯。
西弥山上种一粒，锦鸡爬沙未生芽。
洞庭湖内种一粒，老虎戏水未生芽。
种四粒，蒙细纱，寅时种下卯时发。
茶粒落土满园青，青枝绿叶长成林。
锄两锄，薅两薅，茶树长得一般高。
锄两锄，拢两拢，茶树长得绿葱葱。
锄两锄，挖两挖，茶树发枝又发芽。
年长哥哥攀枝采，年幼妹妹把茶扯。
篮篮篓篓都装满，口唱茶歌跑回家。
到屋忙把篮篓放，抢柴烧火炒新茶。
新茶炒得香喷喷，白纸包好紧紧扎。
再用丝线牢牢缠，三年五年味不差。
迎亲嫁女都不吃，起屋上梁都不呷。
只有家中叩良愿，敬奉傩娘就用它。
奉劝傩娘饮三杯，八仙台上享荣华。
保佑东家人丁旺，国泰民安万人夸。

渡酒

茶的庚生交还神，杜康造酒表一轮。
正月已过二月来，三月撒种四月栽。

五月扯草六月忙，七月扬花八月黄。
秋奔小满谷奔秋，高坡低田一般收。
早谷出来奔夏至，迟谷出来满坪黄。
九月九是重阳节，百般五谷收进仓。
粘谷晒干进了屋，糯谷晒干进碾坊。
梓木碓码似蛟龙，舂得稻米白如霜。
风车车糠纷纷飞，筛子筛米旋起凼。
清水淘米白亮亮，杉木甑子一桶装。
灶膛烧起烈柴火，蒸气茫茫喷气香。
手翻三到下药籽，不过对时酒出缸。
东主下河洗酒坛，醉倒东海老龙王。
醉得虾子红了眼，醉得鲤鱼红翅膀。
提儿打酒壶儿装，拿到傩坛祭傩娘。
奉劝傩娘三杯酒，东主人兴六畜旺。

◉ 艺术团体

牡丹花土家艺术团　牡丹花土家艺术团成立于2014年，团长何中华是退休干部，有成员28人，其中男性12人，女性16人，平均年龄52周岁，剧团演员85%是土家民间艺术传承人。办团宗旨是弘扬土家民间艺术、丰富村民文化生活，办团方式是自娱自乐。农忙劳动，农闲演出排练节目。办团特色为傩歌、傩舞、傩技表演。牡丹花土家艺术团是边界沅陵、永定、桃源、慈利一区三县传承傩文化艺术的村级民间艺术团，其表演的“烈火金刚”节目被湖南卫视报道。

油菜花土家艺术团　油菜花土家艺术团成立于2011年，团长是湘西北著名土家歌手龚桂梅，共有演员38人，是王家坪建团最早、演员最多的村级剧团。剧团成立以来，挖掘抢救濒危的“土家放排歌”“土家哭嫁歌”“土家打夯歌”“土家采茶歌”等土家民间艺术，使这些土家歌舞发扬光大，成为村寨乡村旅游的文化品牌。关水坪油菜花土家艺术团成立以来，全体成员为传承土家艺术，宣传关水坪，不计报酬，无私奉献，吸引央视《探索发现》《远方的家》等多家媒体栏目组采风报道，中宣部、文化部、住房城

油菜花土家艺术团

乡建设部、国家民委等领导先后到村调研考察民俗文化。

樱桃花阳戏艺术团 马头溪村是中国民间文化艺术之乡王家坪的阳戏之村，阳戏艺术源远流长、人才辈出。为光大弘扬阳戏艺术，2013 年成立马头溪樱桃花阳戏艺术团，有团员 28 人，是张家界市唯一的村级阳戏艺术团。团长李海平是科班出身的小生演员，剧团成立以来，自编自演《陈木匠做官》《进士李尧》《百年马头溪》等一系列阳戏连台戏，在常德、张家界、怀化三市四县边界地区产生较大影响，使剧团从自娱自乐走向旅游市场。剧团 2016 年演出 186 场，收入 68 万元，成为张家界市村级专业剧团中经济效益较好的剧团之一。剧团采取以老带新、家庭式、社会网状性培养阳戏艺术人才，越办越红火。

◉ 编织工艺

竹编

马头溪村的编织艺术历史悠久、传承千年，主要以竹篾编织为主，其次是棕片、稻草等。马头溪的溪河两岸，各家各户的周围都有竹子，为竹编织提供了有利条件。生活中不可缺少的竹器有箩筐、背篓、簸箕、筛子、晒簟、畚箕，还有捕鱼虾用的篆、虾笆、凉筒、鱼篓等。在竹制品中，马头溪村还有三种独具特色的工艺品。

花篮 约 33 厘米长、23 厘米宽、16 厘米高，上大下小，用五彩细篾织成多种图案，主要用来放妇女们做绣花鞋、缝衣钉扣时用的针线剪刀鞋面的，每逢雨雪天，妇女们或在自家吊脚楼上，或提着花篮串邻家，做鞋补衣，挑花绣朵。这种花篮是女人的百宝箱，质地也是主人的面子与品牌。这种艺术品多流行于 20 世纪 90 年代前，现在大多数是成品衣、鞋，花篮制作得少，也用得少。马头溪村的樱桃花艺术团用花篮作道具，编排花篮舞，在市、区会演时获奖。

洗衣背篓 五彩篾精编而成，小巧玲珑。大闺女背着它下河洗衣，小媳妇背着它回娘家。

枷椅 长宽各 25 厘米，高 110 厘米，全用没破开的小山竹精制而成。中间层留有一半坐小孩，脚可踩底，有两条背带，后面有半圆形靠背。枷椅制作精而牢，是半岁以上小孩的专用品。马头溪村的竹制品品种齐全，大多数为结婚时女方陪嫁。

篾匠

棕编

棕制品主要有蓑衣、棕扫把、小牛笼套及各种各样的织锦、小型壁挂等。马头溪村部的编织品品种繁多，技艺高超，形成了本村独特的民间编织。

蓑衣 蓑衣是土家族人独特古朴的雨具。其特点是透风透气，经久耐用，一件蓑衣可以用上几十年。制作蓑衣时，蓑衣匠用长铁针穿一根棕索，把一块块棕片连接起来。蓑衣的长度要上遮肩背，下掩膝，宽度要能掩住整个身子，再在肩上制作像老鹰翅膀一样的坎肩用以遮掩手臂。蓑衣要做得滴水不漏，制作时必须达到一寸以上的厚度，穿索时扎紧扎牢，选既宽且厚的上等棕片。要想蓑衣穿着美观，须名匠制作。蓑衣既可以做雨具，还可以当睡垫。随地一铺，防潮隔尘，大人可以就地小憩，小孩可以玩耍，很是方便。由于尼龙薄膜等雨具的出现，蓑衣匠在 20 世纪 90 年代基本上没了传人，马头溪村有蓑衣的人家也已为数不多。

棕叶扇子 棕叶扇子是马头溪村土家人精工编制的工艺品，一般成年人都会制作，所以每户人家都有好几把。它取材于春季，棕树上长的新叶，留五寸长的把子，采集回家，放在锅里煮成橙黄色，取出撕掉叶梗晾到室外日晒夜露，待棕叶成白色状时精心编织成椭圆形或六角形，用两块沸水煮过的竹板一头削尖，穿插在扇中心，一头与把子排齐，用锦丝或麻绳缠紧，吊上花线或珍珠而成。夏天，无论大人、小孩都用它扇风乘凉。这种工艺品有粗细、大小之分。一般下地干活时，用粗大点的扇子，起到扇风乘凉的作用。过户串门或请客赴宴时，则用编织精细些的，颇显气质。有些小伙或姑娘拿着比手掌大一点的、系有花线或珍珠的，一定是情侣定情物，一般用来收藏或出嫁后生孩子坐月子用，再者给婴儿做玩具用。

草编

草编是用各种草茎、麦秸为材料，经手工编织而成的工艺品。草编有草凳、草鞋、草帽等。

草帽 用麦秆或加工过的棕树叶编织而成，直径约 0.6 米，顶圆，突出。青年男女草帽上多绘有花纹，用于遮阳或装饰。无论男女都戴。

草凳 草凳是土家人的坐凳工具，材料来源为纯稻草，制作方法非常简单。首先是选材，绳索一般用糯谷稻草制作，这种稻草制成的绳索一耐拉，二耐磨，而普通稻草则一般用来制作坐垫、坐凳芯子。用这种稻草制成较粗大的绳索，绕成蛇弯饼状，如果凳想制矮点就少弯几个饼，想坐高一点就多弯几个蛇饼。要想坐凳大就将芯子索加粗，要想坐凳小一点就将芯子索较细一点。然后将这些饼重叠起来，用糯谷绳索上下串起来加固。最后用糯谷索围着坐芯层层旋转，中间不留间隙，用力捆紧——一个草凳就制作完毕。草凳轻便，容易搬动，可随意拖拉或滚动，坐着柔软舒适，冬天也不像普通凳子那样冰凉，适合老人小孩使用。随着生活水平不断提高，现在草凳已很少见。

草鞋 流行于20世纪70年代以前，用稻草编织而成。通常选择较好的稻草，用木槌捶软，搓成长约1.6米左右，作为草鞋之经绳。然后搓小股绳按一定法则绕编于经绳上，并在适当的地方栽四处8条草编“耳子”，用剩余的绳子穿于各处“耳子”即成。清代以前，境内尚无草鞋习俗，后随汉族移居传播而来。除草鞋以外，当地还有用苎麻做麻鞋的习俗，其编制法同草鞋。青年男女有互相赠送精致麻鞋为礼的习俗。作为礼品的麻鞋，鞋耳上夹彩色丝线装饰。草鞋制法简单。在生活极其艰苦的年代，马头溪村家家户户都有一人或二人会做草鞋，也叫打草鞋。草鞋要适脚而制，比脚稍短，常言道“草鞋无娘，越穿越长。”草鞋的样式多种多样，材料来源大都就地取材，也有花布经草鞋、棉布经草鞋、棕草鞋和稻草鞋等。草鞋对于农民来说，穿着舒服、不滑、轻便，特别是上坡干农活、放木排、当纤夫必穿不可。村民全松球靠打草鞋赚钱，是一名典型的“草鞋匠”。

◉ 手绣工艺

土家织锦 土家语称土家织锦为“西兰卡普”，“西兰”的意思是指铺盖，“卡普”是指花铺盖。织锦的原料一是丝经，二是棉纬，一手织纬，一手挑花，逐成五色。西兰卡普图案有两百多种，采用单八钩双八钩，还有十二、十四钩，直到四十八钩，织成各种花草虫鱼、龙凤呈祥、喜鹊登枝、金鸡报晓、鲤鱼跳龙门等图案。土家织锦旧时是专为出嫁姑娘置办嫁妆的民间技艺，2016年被国务院批准为第一批国家非物质文化遗产。

马头溪土家织锦技艺源远流长，是村寨最有特色的织绣技艺。土家织锦织品是村寨姑娘出嫁时引人关注的嫁妆，谁家的织锦数量多，织品技艺精美，谁家的姑娘就贤淑聪慧，村人都会刮目相看。因而马头溪村村民对土家织锦技艺十分看重，代代相传。村里姑娘在八岁后开始随母亲学习织锦，大户人家还会请来织锦能手传授技艺，家家户户都有专门织锦的作坊。马头溪村的女人，大都从小就立志成为织锦能手。

织锦作坊

2013 年，马头溪村成立了织锦专业合作社，建成拥有 120 多台机具的作坊，为将土家织锦提质升级，村里从龙山捞车河请来国家级的织锦技师传授技艺、设计图案，培训了 128 名织锦人才。这些经培训的妇女，织艺大为提高，所织的产品，因工艺精美，图案新颖，民俗浓郁，畅销市场，备受西欧国家的游客喜爱。2016 年收入 280 多万元，人均增收 780 元，成为村寨一门新起的产业，带动村民脱贫致富。

绣花鞋垫　绣花鞋垫是土家姑娘赠给意中人最珍贵的礼物，一针一线都凝结着她们的纯洁之情。这种鞋垫的制作，先以面粉糊上布壳晾干，再用纸剪出鞋垫式样，画上格子后，以青、蓝、白、红、绿、黄等各色线，手工纳出花纹或图案。绣上鹭鸶、蝴蝶等，表示吉祥幸福。绣上鱼虫花草等，表示永结同心。花样还有田字花、春字花、王字花、米字花、万字花等数十种。

土家布鞋　土家布鞋是马头溪村流传至今的传统手工艺制品。以传统手工工艺为主，是千层底手工布鞋，要经过 28 道工序，全手工制作，鞋底以棉布、棕丝、蚕丝为材料，鞋底与鞋面有绣花、绣龙、绣凤、西兰卡普等图案。这种布鞋将土家手工制鞋技术和刺绣工艺融为一体，采用 100% 纯棉为主要用料，取用深山老林的棕树外衣和丝瓜络纳入鞋底之中，纯手工精制而成。土家布鞋融工艺、舒适、透气、滤

纳鞋底

汗、养生保健功能于一体，具有浓厚的土家风情特色，也是很好的馈赠礼品。土家布鞋凭借柔软舒适，透气环保、轻便保健、美观大方等优良性能，在马头溪土家族婚嫁活动中保留了较为浓厚的民族特点，体现出深厚的民间艺术底蕴。

土家织布 解放前马头溪村村民由于受条件、环境的限制，除富人穿得上银锣绸缎外，穷人只得自己种棉，纺纱织布，凡自己织的布就叫“家机布”，本地人也叫“龙头白布”。其纺织方法比较简单，必备一台用木料制成的织布机，实质上就是一个方框平台，在方框的框架上均匀设置经纬线点，然后按设置点牵分两层5支柱线，最后让织布人手持织布梭子把纱线一根又一根循环地排列在主线之间，所织的布慢慢地呈现在面前。布的质量好坏与棉纱、织布人的手艺有关，效益高低也在于织布人技术的熟练程度。现在马头溪村还保留着一些改进的织布机，可供游人现场观看织布的全过程。

◉ 雕画器具

马头溪土家族人用于转角楼屋的门、窗和姑娘的木器嫁奁中，都很讲究雕画。雕有各种花、鸟和人物故事的梳妆台、碗柜、洗脸架、八仙桌、小桌、椅子、衣柜等等，几乎家家户户都有几件。这些雕刻往往是先雕成花板，再装在相应器具上。有的装饰于顶部或底部，有的装饰在边沿，有的装饰在四角，有的镶嵌在中间，一件雕画一个式样，十分美观。雕画作品美观与否还在于上漆。马头溪村境内多漆树，割下来的生漆只需经过布滤，拌上适量经过熬制的桐油就可使用。土漆具有附着力强、光泽透明鲜亮、经久耐用等特点。木雕制品一经刷上土漆，更加光彩夺目。

牙床

木雕

雕画牙床 旧时土家族青年男女结婚时，必请远近闻名的木匠、雕匠打制一架雕花牙床。贫穷人家一般打制一滴水雕花牙床需工百日，中等以上人家打制二滴水、三滴水雕花牙床需工几百、上千日。土家族滴水雕花牙床因其床的上部构造像木房的屋檐一样，一层为一滴水，二层为二滴水，以此类推。层数多的，则一层比一层高，每层都精雕细刻。床前下面为两台阶踏脚板，两边有竖起的花板，呈八字形。床头上方有首饰和食品盒。床前侧面置有鞋幅、衣裤栅栏似的木架。床头前花板边有挂剑、鞭一类兵器的挂钩。床上的雕花图案极为丰富，有花草虫鱼、山石鸟兽、龙凤神怪、人仙器物等百多种图案，还有如姜太公钓鱼、刘海砍樵、哪吒闹海、鹬蚌相争等民间传说故事。其雕刻工艺有阴刻、阳刻、深浮雕、浅浮雕、透雕、圆雕等，技艺精湛，文化内涵丰富，堪称民间木器家具工艺之精品 。

箱柜

雕画木柜 马头溪土家族结婚嫁妆之一，一般摆放在堂屋，可放食品，也可陈设各种小巧工艺品。用料为椿木、柏木，高 1.6 米，宽 0.9 米，深 0.46 米，脚高 0.13 米。木柜共四层，由下而上：

第一层高 0.55 米，有门两扇，铜质鱼形拉手；第二层为三个抽屉，两边有铜质金鱼拉手，中间为浮雕荷花纹；第三层高 0.4 米，前面中空，两边各为 0.23 米门窗式花格，左右侧中呈肩形，左右中空呈曲线四方形，四周为镂空缠枝莲花纹和蝙蝠图案；第四层前中 0.45 米，内凹 0.1 米，呈半圆形，刻树叶荷花纹，左右为一对施金粉的雄狮，中间莲花突兀，含苞待放，上为镂空雕花楣。木柜以土漆漆就，部分图案施金粉。其柜外表端庄古朴，雕刻粗犷，颇似大手笔，但粗中有细，用刀入微，不失为湘西民间木器家具之珍品。

雕画亮柜 清代、民国时期土家族婚嫁时木器嫁妆之一，摆置在新房内，收藏生活日用品。柜高 1.5 米，宽 1.33 米，深 0.56 米。多用椿木枋、杉木板、柏木雕花图案制作。木枋卜红色土漆，其余均为咖啡色，部分雕刻图案施金粉。柜分三层：自下而上，第一层高 0.95 米，有门两扇，铜制金鱼拉手，内有一层搁板；第二层高 0.12 米，等距离安有三个抽屉，配有铜制金鱼拉手；第三层高 0.43 米，两侧面中部为五条梭珠形的栅栏，四周为镂空缠枝梅花，正面中空。

雕花太师椅 马头溪土家族地区民间家具，工艺考究，一般为旧时富有人家的摆设。椅全高约 1 米，座高 0.5 米，长 0.6 米，宽 0.48 米。椅漆土漆，部分图案施金粉。靠背、扶手、牙子均为镂空花纹，图案有龙凤呈祥、喜鹊闹梅、獾吃石榴、鼠偷葡萄等，顶部为书卷造型并有蝙蝠浮雕图案。靠背中部有施金粉的阴刻楷书："器自冬宫造，司空进上皇，蝉联分路序，倚几谏君王。""不是陈蕃榻，难将徐稚迎，堂前何所用，兄在自当呈。"椅柱为椿木枋，木坐板，柏木雕花。

箱扣

门扣

雕花洗脸架 马头溪土家人室内木器家具喜雕刻，雕花洗脸架就是其中之一。洗脸架大都用椿木打制，柏木或梨木雕刻，其图案多为吉祥、花草、动物和历史故事。雕花洗脸架摆在室内，既是生活日用品，又是工艺摆设品，可谓美观实用。1982 年，湘西自治州博物馆征集得两件清代洗脸架珍品，其中一件高 1.68 米，架顶宽 0.54 米，盆架直径 0.49 米。盆架呈正六边形，左右横方的小台上雄踞四只施金粉的狮子。盆架下装有横竖镂空雕花撑枋。方架上的屏风架下部有凹形陈放洗漱用品台，中部安有洗脸帕挂钩。架顶为二龙戏珠镂空雕刻，其宝珠形同向日葵，下雕水波纹，如同海上日出的彩绘。盆架上部左右为喜鹊闹梅镂空图案，中间为两块浮雕，描绘了古代人物跃马扬刀即将拼搏的场面。脸架除二龙戏珠、人物、狮子施金粉外，其余均刷土漆，色彩对比强烈、明暗相间。雕花洗脸架布局合理，雕刻工艺十分讲究，刀法精粗得当。

乡土风俗

马头溪村村民人人能歌善舞。田间地头是百姓的舞场，河边、风雨桥上是村民的歌台。马头溪村歌舞形式多样，来了客人唱迎客歌，结婚唱喜歌，生日唱寿歌，上坡唱山歌，放排唱放排歌，喊号子，插秧兴“糊仓”，薅草唱薅草锣鼓歌，秋收跳“扬叉舞”。

◉ 土家服饰

男子服饰　土家男子头包青丝帕或青布、白布帕 2 ~ 3 米，包成“人”字格。一般穿对襟短衣，多纽扣，老人着大襟衣。较古老的上衣叫“琵琶襟”，安铜扣，衣边上贴梅条、绣“银钓”。后逐渐发展到穿满襟衣和对胸衣，正中安 5 ~ 7 对布扣。裤子由青、蓝布加白布缝成。鞋子鞋面呈高粱色，底为白色，从事体力劳动者不大穿袜子，冬天只缠一副青、蓝布裹脚。

妇女服饰　土家妇女头包 1.5 ~ 2 米青布帕，戴金银耳环，胸前挂银项圈、银牌、银铃、玉珠等，行走时发出叮叮响声。上衣有大襟，左开襟袖大而短，无领，绲边，衣襟和袖口有两道不同的青边，不镶花边“银钓”。另有上衣式样为矮领，衣襟袖口镶宽青边，青边后再扣三条五色梅花边，胸襟青边则用打线绣花。三股，衣大袖长，袖口镶半尺宽边，领高约半寸，镶三条细边。土家族新娘喜穿“露水衣”，大而长。土家姑娘喜在胸前系一块梨形挑花或蜡染围腰，老年妇女喜戴列子圈圈帽，配大圈银耳环。此外，夺流群、百褶裙、鸦鹊衣及绣花鞋垫等都很有特色。

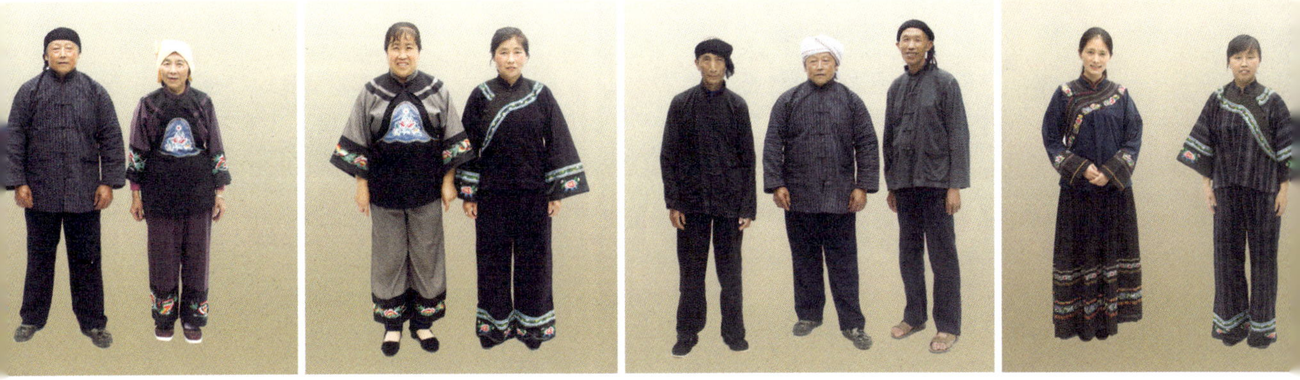

土家服饰

◉ 饮食习俗

三道茶礼 凡有客人进门，土家人都时兴进门三道茶的礼俗。第一道茶通常是蛋茶，主人见有客人来访，便烧火煮鸡蛋。鸡蛋煮熟后，去壳放在盛有红糖水的茶碗中，由家中的女主人用茶盆恭敬地筛给客人；第二道茶是炒米茶，将糯米蒸熟晒干，然后用砂和桐油将其炒成米花，即为炒米花，用炒米花做成的茶就叫炒米茶；第三道茶是清茶，通常是主人家自己饮用的茯苓茶或棠梨茶。随着社会发展，现多用商品茶叶待贵客。

土家拦门酒

土家茶具、老茶

宴席座礼 大凡贵客临门，主人家自然要设宴款待。请贵客上座是待客的必要程序，若是来客人多，则按其辈分排列座位。所谓“上座”，旧时常以东方谓之上座，两三个客人入席，头面人物坐东方正中间，其他客人次之。明、清至民国年间，很讲究入席座次的排列，略有疏忽，会招致一些议论，甚至大打出手、引发官司。中华人民共和国成立以后，只有很少一部分人讲究席位排列，以此表明身份尊卑。

老茶常饮 土家人有喝老茶的习惯。老茶也叫老母叶茶或茶果茶，具体做法是将茶树老枝上的老茶叶或茶果摘回少量，拿回家放入茶壶中，加入适量的水，放在火坑上面烧煮。煮的时间越长越好，最短也要30分钟后再将火调小，慢慢浸泡，待颜色变成橙色后取下茶壶，倒入杯中即饮，也可让其慢慢变凉。这种茶既香又解渴，放上一天时间也不会变味。

食品嗜好

境内各民族多嗜好酒及酸、辣食品。之所以喜食酸、辣、香料，与食玉米等杂粮粗食有密切联系。杂粮粗涩难咽，配以酸、辣、香料，益于开胃。山民居于丛岭深谷，泉水冷冽，岚瘴郁蒸，非辛辣或酒酿不足以温胃健脾。酒类多自酿，山区多以五谷杂粮为酿酒原料，尤以白族的“玉米烧”酒类最为出名，民间有“三日不食酸和辣，心里就像猫儿抓，走路脚软心也花”之说。酸辣食物均系自己加工的酸汤、酸菜、腌菜、腌鱼、腌肉等。山民一日三餐离不开辣椒拌菜调味，品种有鲜辣子、干辣子、酸辣子、腌辣子、辣椒粉、生姜汤等。

喜酸 马头溪人常年食酸，酸味食品能开胃，增强食欲。秋冬季喜将萝卜、大头菜洗净切成条制作酸萝卜。春夏季将豇豆、峨眉豆、刀豆、黄瓜等小菜浸泡在冷却的盐开水中，制成各种风味泡菜。一年四季爱将白菜、菜苔用水烫过后做成水酸菜。春季吃不完的水酸菜趁晴天晒成干酸菜，青黄不接时用来炒肉，或拌肉蒸煮，风味依旧，酸味坛子菜同样受人欢迎，野藠苗是二三月间乡人们制作坛子菜的原材料。将从地里挑回来的藠苗洗净晒干，切细后放入明水坛，用藠儿盐菜煎鸡蛋是乡间别有风味的佳肴，藠儿盐菜作汤，味酸，带有山野风韵，别有一番乡土气息。酸辣椒、剁辣椒、酢鱼、酢肉、酢辣椒，这些带有酸味的小菜是马头溪村餐桌上常见的菜品。

土家筵席

喜辣 辣味是马头溪土家人日常生活中常见的口味。因居住在溪河边或深山老林之中，山野水边潮湿阴冷，易患风湿疾病，村民多以食辣驱寒清湿，久而久之成为习惯，传承至今。马头溪人的菜肴中喜掺辣椒点缀菜品。常见的辣味调味品有干辣椒壳、剁辣椒、辣椒末，做腌菜、盐菜、泡菜都喜拌少许辣椒调味。七星朝天椒成熟后，土家人将红辣椒摘来去柄剁碎磨成辣椒酱，加花椒、生姜，装坛密封，成为别有风味的辣味小吃，这种辣椒酱可拌酱萝卜、酸黄瓜等时令瓜果。亦可烹制鱼、黄鳝、牛肉、羊肉时做火锅底料。

喜热 马头溪人的饮食习俗最突出的特色就是喜热，餐桌上一年四季离不开火锅。不论荤素，都喜欢将菜肴用小铁锅置在火炉上，烧得滚烫。一杯玉米烧就着滚烫的菜肴吃得大汗淋漓，心情舒坦。马头溪人饮食喜热与其地理环境密不可分，溪边空气潮湿，山间林木葱茏，湿气不易散发，喜热的习俗便是这里的山民驱寒除湿最有效的措施。

主食习惯

甑子饭 饭甑是村寨圆作木匠选用高山久经风雨严寒熬炼的天然油质杉木制作而成，不含水分，不吸潮，经久耐用，使用方便。蒸饭时先将大米淘好，稍泡些时间，再

甑子饭

鼎罐煮饭

倒入饭甑柴火相蒸。蒸上半小时后，蒸气腾腾，天然杉木油脂的清香和米饭的香味融合在一起，盈溢左邻右舍。甑子饭一般在村寨农家红白喜会，大务小事场合中才能出现，最大的甑子可蒸上百斤大米，供200多人食用，方便快捷，没有锅巴，还可以节约粮食。这种饮食习俗，在村寨沿袭多年。甑子饭因清香可口，营养丰富，成为村寨人不变的饮食选择。

鼎罐饭 鼎罐又名汤罐或炉锅，是乡村常见的炊具。马头溪一带春冬两季气候寒冷时节，常在火坑边用鼎罐煮饭。鼎罐饭需煨在火边焖熟，需要有一定的技巧。1980年以前，村民的生态主食常以杂粮饭为主，将玉米、高粱、芸豆磨碎拌米同煮，杂以红薯、萝卜、豇豆等蔬菜，忙时吃干，闲时半干半稀，以节约大米。“小菜半边粮”是农家自古遵循的勤俭持家理念。

锅巴粥 用铁锅煮饭时，留出适量米汤，将米饭铲起来后，把锅底剩下的锅巴焖成焦黄色或微黑色，加米汤熬成粥，即为锅巴粥、味极香。

土家十大碗

◉ 特色菜肴

土家十大碗 土家人由于长期深居山中，劳动强度大，喝茶吃饭都用大碗，觉得大碗茶解渴，大碗饭解饥，大碗肉解馋，大碗酒壮胆。“十大碗”是土家山寨最体面的宴席，用来招待最尊贵的客人。“十大碗”的食材也是当地最有特色的食材，主菜不离猪、牛、羊、鸡肉之类的荤菜；配菜不离岩耳、山菇、香椿等稀少野味；伴菜不离青菜，随吃随炒。上菜也有讲究，第一道菜是蒸肉糊，最后上的一道菜是萝卜蒸排骨，历有俗语“先上蒸肉糊，萝卜出来打跟头”，意思是萝卜上了桌，正好十大碗。

腊肉炖火炼圈 火炼圈是王家坪农家人过端午节必备的佳肴。农谚有“三月螺丝四月蚌，五月黄鳝讲不像”，意思是说五月间的黄鳝味美，这样的美味当然来自于火炼圈。这种从野外水稻田、堰塘捕捉的黄鳝，是自然生长的生态食材。火炼圈的制作，要切腊肉（五花肉）少许，炸出腊肉油，放盐，再将洗净的活黄鳝倒入锅中，盖紧锅盖，任黄鳝在油锅中翻滚。直到黄鳝焙死后稍加大火，放入花椒、蒜瓣、山茶籽油、干七星椒，煎炒 1 ～ 2 分钟后，加水没至黄鳝，小火慢炖 30 ～ 40 分钟。炖好的黄鳝可用筷子夹紧其一段，即可骨肉分离，亦可破肚剔除内脏。但多数人吃火炼圈不甚讲究，多囫囵吞枣式塞进嘴里，大嚼大咽。起锅后放适量白醋或陈醋，可助黄鳝骨刺软化。汤中含有特种物质“鳝鱼素”，能降低、调节血糖。鳝鱼维生素 A 含量高，民间有“小暑黄鳝赛人参”的说法。

土钵炖腊猪脚 民间待客的特色菜肴。腊猪脚制作及保存方法和腊肉相近。做菜前须将腊猪蹄用火烧褪去猪脚上绒毛，刮净皮毛上的杂质，后剁切成一两左右的肉块，然后拌上山菇木耳，加上花椒佐料，放入陶土做成的土钵之中，用木炭火慢慢炖熬，让营养得到较好的保护，这种菜品腊香味四溢，让人满口生香。

砂罐熬乌鸡 乌鸡为家禽野养，靠野外啄虫食草长大，乌黑发亮，营养丰富，是产妇、病人的滋补之品。砂罐熬鸡肉是王家坪土家人世代传承的烹饪方法，沙罐用陶土做成，不上陶光，十分粗糙。将鸡肉拌上花椒或桂皮等佐料放入砂罐，然后把砂罐置于火坑的火堂周围，细火慢熬，原汁原味，满屋生香。

腊肉

土钵炖腊猪脚

◉ 特色物产

红薯粉 红薯据传为明末清初从福建引进到王家坪，成为主要粮食作物之一，产量高，用途广。红薯是养猪的精饲料，薯藤又是养猪的青饲料。红薯熬糖、煮酒，特别是做成红薯粉，很有经济价值。

筛米

水碾米 水碾米是通过水碾的滚动对稻谷进行碾压加工而成的稻米。水碾以水为动力，碾米时将渠水的闸门打开，若水量小，水流缓慢，可以冲鼓，鼓转动起来带动齿轮，齿轮再带动“将军”，碾滚随着“将军”的转动而转动，整个水碾便能有节奏地转动起来。碾米人拿着扫把，不时地扫扫槽外的飞糠，或抓上一把米看看是否碾好。水碾米是对谷物的纯物理加工，全过程无污染，未经高温脱壳，营养成分保存完好。碾米过程平缓，大米摩擦受力均匀，糠皮碾磨细腻。

由于碾米费时，村民不愿跑路，一般农户都买有小型打米机，不再到水碾坊去碾米，水碾米如今亦不常见，但其煮成的饭柔软、可口，受到人们喜爱。

木榨油 木榨油有木榨菜油和木榨茶油之分，都是通过木榨加工而成的食油，虽然加工原料不同，但加工程序一样，尤以茶油最为珍贵。木榨油靠人工撞击榨楔挤压油脂原料而成。榨油时需先将菜籽炒熟，再用油碾碾成细末。随后用甑蒸熟，用稻谷草包

木榨榨油

杭，塞进榨槽，装好榨楔，安排三人撞击榨楔，并逐渐加楔挤压，榨出油来。木榨油原料经两次炒蒸，所压榨的茶油或菜油均可直接食用，无须放在锅中加热煎熟。整个加工过程无机械操作，食油中的营养成分没被破坏，香气袭人，口味尤佳。

溪河鱼虾　王家坪境内生态环境优良，多山泉水，溪河鱼虾生长繁育条件好，水产资源丰富，味美可口。溪河鱼虾可油炸，可加紫苏叶煎煸煮汤，亦可加苦瓜清炖。鲜鱼加盐焙干或晒干，可保存数月。小干鱼在冬季拌萝卜丝做成火锅，是不可多得的风味小吃。河鱼的吃法很多，主要有辣炒小鱼干、酥蒸小鱼、油炸小鱼、香煎孜然小鱼、酥脆小鱼卷饼、清炖小鱼火锅等。

土家腊肉　马头溪村家家户户都喂年猪，主要是图过年时有肉吃。过年吃不完的肉便制作成腊肉，不仅便于保存，而且肉色更加好看，是王家坪人平时招待客人的主菜。腊肉的制作方法是：将猪肉分成 1.5 ~ 2.5 千克（或更大）的肉块，然后把盐炒黄，加花椒炒出香味出锅；把肉用温盐抹匀，放入盆中，将盆底的肉块皮朝下肉朝上，最上面的皮朝上肉朝下排放整齐，每 3 ~ 5 天翻动 1 次；10 天后沥干水分挂到熏房中，用松柏枝加核桃壳、花生壳、橘子皮等柴草料进行烟熏烘烤，月余后待肉变棕红色时即可。

熏好的肉放在通风处，可保存 2 ~ 3 年不变质，名曰“腊肉”，也称“土家腊肉”。土家腊肉色泽焦黄、肉质坚实、熏香浓郁、风味独特。食用时，取肉在火上将肉皮烧或焦黄，放在温水中将皮泡软，刮洗干净备用。腊肉的烹调方法比较多，排骨、猪蹄一般用来炖，制作火锅；其他部位一般用来与辣椒、蒜苗、山野菜、小米一起炒、蒸而食。除腊猪肉外还可制作腊牛、羊、麂肉等，方法基本相同。另外，土家族人还有制作腊香

土家腊肉

肠，制作方法是把新鲜猪瘦肉切成肉丁，拌入辣椒末、花椒粉、胡椒粉、五香粉，灌入猪小肠，每段用线扎紧隔开，然后用火熏烤半月即可。

挖葛根

葛根 野葛生长在荒山野岭，其淀粉含量不及人工栽培的家葛高，但其品质是家葛的2倍以上。野葛的淀粉积累需数年或数十年，人工栽培的家葛2～3年就可采挖。野葛一般秋冬季采挖，刮尽葛根表皮，切短，在石板上用木槌击打成绒状，随后放在水缸内用水搓葛渣，洗净淀粉。葛粉水洗好后，加贯众[①]，过滤尽杂质，让其沉淀，将沉淀后的葛粉从缸底铲起，做成圆形粑粑状，放在干净的火灰中浸干水分，再到太阳底下晒干或用纸包好挂在火塘上熏干。葛粉加适量水搅匀后用开水冲熟，适宜老年人或幼童食用，易消化，有退火消炎的药用功效。

剁辣椒 七星椒又名“七姊妹”，适宜生长在海拔500米以上，昼夜温差较大的黄土地或农田。七星椒剁辣椒制作工艺较简单，先将新鲜红透的七星椒去柄，洗净晾干，随后用菜刀将七星椒与大蒜米、生姜一起剁碎，用陶制缸（罐）加盐拌匀后压紧发酵，发酵缸须用塑料薄膜覆盖扎实，不让透气，1～2个月后发酵即成，将缸内七星椒翻透加适量白糖、新鲜盐浸花椒，再用适量味精拌匀后，分装在陶制瓶罐或玻璃瓶中，上面

剁辣椒

① 一种助沉淀的植物块茎。

再用适量煎好冷却的茶油、菜油或芝麻油覆盖，放置于阴凉处即成。

蜂蜜 马头溪村村民历来有养蜂的习惯，一般农户檐前屋后都有 3 ~ 5 桶蜜蜂，个别农户谷仓、碗柜等器具也有分群蜜蜂落脚筑巢。蜂蜜的成分除葡萄糖、果糖外还含有各种维生素、矿物质和氨基酸。蜂蜜的功用很多，是上等补品，与白芍、甘草等配合可缓急止痛，与乌头类药物同煎可降低其毒性。对疮疡肿毒、溃疡、烧烫伤等有解毒防腐、生肌敛疮之效，治疗肠燥便秘、虚劳久咳、气阴耗伤、气短乏力、咽燥痰少等。王家坪的蜂蜜是蜂蜜采百花酿成，其中的鱼腥草、茯苓、五倍子等花蜜酿造的蜂蜜药用效果更是上乘，对妇科疑难杂症疗效尤其显著。

◉ 婚嫁习俗

媒妁配婚

土家族是一个礼仪民族，土家婚嫁最能体现土家族重情义、懂感恩。马头溪村男女之间的婚姻讲究“父母之命，媒妁之言”。其婚姻程序很多，男方主要有求婚、送八字、报日、送上头礼、行加冠礼、拜堂成亲等。女方有踩屋场、哭嫁、戴花酒、拦门、送亲讲席等。

说媒 土家婚俗与其他民族不同之处就是要先请媒人说合。好媒人无论天晴下雨，都需自备一把雨伞，意表媒人愿意成人之美。如果女方收下礼物，亲事有八成希望，一般媒人往返三次女方才能承诺婚事。若是女方不收礼物，任凭媒人磨破嘴皮也无济于事。女方同意婚事后，双方便议定托“八字”事宜，并择吉日订婚。订婚之后，男方每年春节前需到未来岳父家送“座膀”①，女方若是没有切下猪尾巴交男方带回，就是有意嫁女，男方可进行报日。报日是男方携其礼品到女方家确定结婚日期以及彩礼等诸多事宜的程序，男方父母及媒人均需到场商议。若是次年结婚，春节前夕男方要携猪头一个到媒人家“请谋”，以表谢意。

求婚 由媒人去女方家说婚。一般由媒人“踩点”，认为“门当户对”，才跟男方父母通气，去女方家说合。媒人去求婚时，带着男方备办的酒、糖和“茶肉”② 登门。茶肉中间缠着红纸条，若女方收下茶肉，就表示同意这门亲事。女方同意婚事后，媒人还要登

① 带猪尾巴的猪后臀。

② 即两根肋骨的腰条肉。

门与女方家协商踩屋场、订婚、送八字的日期。踩屋场是男女双方第一次相互上门认识，旧时没有此俗，是解放后兴起的，为的是男女相互了解。

送八字 也叫“定庚”，是将男女双方出生的年、月、日、时互相交换，然后请人“合八字”，按五行推算其阴阳和合。如果男女命相出相克，则这门亲事十有八九要“黄”，这也往往是男女双方中途变卦而搪塞的理由。“送八字”有小、大之分，这第一次由媒人交换的“八字”称“小八字”或“草八字”。“八字”合上之后，则要“送大八字”，称为定庚。定庚是非常讲究的，选择吉日，双方都要请族人来吃酒，作为见证。这天，男方在媒人的带领下去女方家下庚帖，庚帖用红纸写的，折成双层“对开门”，封套上写“×府××亲家阁下”，头道“对开门”骑缝上写“海誓山盟”，二道“对开门”骑缝上写“乾坤定矣”。有点像官方的“骑缝章”。两道“门”打开，正面左右各贴一条二指宽五寸长的红纸条，男左女右，分别填写上生庚八字。“定庚”顾名思义就是当着“三媒六证”将男女双方的出生年、月、日、时按天地乾坤、男左女右进行“婚姻登记”，“发证机关”就是男女族中的长辈们和“公证人”同媒人。定庚要给女方送“订婚礼”，过去叫“抬盒”，由两人抬着，内装衣服2～4套，双鸡双鱼和猪肉一方一肘，庚书装在一个特别精致的木匣子里，放在衣服上面。填写庚书，取回庚书，男女双方才算正式订下终身。

六礼 旧时婚姻兴“六礼”，包括：纳采、问名、纳吉、纳微、请期、迎亲。纳采，即男方家请人向女方家说明缔结婚姻的请求，也就是提亲、说媒。纳采要携礼物。古礼用的是雁，因为“雁侯阴阳，待时乃举，冬南夏北，贵有其所”。实际等于告诉女家“男大当婚，女大当嫁”，应该像雁那样逢时择其所。纳采用的礼物有30多种，诸如合欢、鸳鸯、九子莆或墨、双石、五色丝、长命楼、蒲苇、棉絮、卷柏、嘉禾、鱼、鹿等等。这些礼物都有象征吉祥的意义，合欢取“合家欢乐”的意思，蒲苇喻要妇女柔顺等。问名，即向女家问清女名及其年庚八字，以便回去占卜吉凶，即“请八字”。这种“八字”是写在一张红纸上，其格式是：“男××乾造××年××月××日××时建生，女××坤造××年××月××日××时瑞生”。纳吉，后世称“促盟”，是婚前礼中的关键，是否订婚的标志。纳吉之后，则订婚。订婚后，婚姻的终止就不能随便了，解除婚姻需要经过双方的协商或外家的调解。纳微，或称“过大礼”“完聘”，即送嫁妆、下彩礼、过礼。这是进入婚姻阶段的重要标志。请期，男家占卜择定合婚吉日良辰，让媒人告知女家，征求女家的同意，即“下日子”“送日子”“探稻”。古礼请期用雁，后世用各色礼品，一些地方兴“四色礼”，即烟、酒、糖、茶。请期过程中，进行婚仪的协商，主要是选择合婚良辰，以及合适的迎亲、送亲之人。古时请期为口头方式，后世则口头、书面皆有。迎亲是土家婚庆的最后一道程序。

男方告祖 在女方“戴花酒”的那天，男方要举行告祖礼，与加冠礼和成人仪式结合。其步骤是：告祖、加冠、行醮礼、行字礼。行加冠礼时，外公舅爷要做匾祝贺，还要进行升匾仪式，唱匾赞匾。加冠礼仪式烦锁，由礼管主持，大小礼生领班唱贺，男方行告祖礼、加冠礼和三献礼，每次要三叩九拜。其中加冠礼有 3 次，即布冠、皮冠和爵冠，三献礼也有 3 次，意为对男子成人立家前的磨砺和锤炼。

女方哭嫁 土家族女儿出嫁时都要哭嫁，这是传承数百年的民间习俗。哭嫁是女儿出嫁前对父母养育之恩的口头回报，对儿时兄弟姐妹情谊的追忆，同时，也是女儿对包办婚姻不尽人意的抗争、宣泄和展示土家少女才艺的机会。因此，旧时许多待嫁姑娘婚前必须练就哭嫁的本事。土家人把哭嫁作为衡量女子才智的标志，大户人家的女儿出嫁常请有经验的前辈对其哭嫁词语进行编导，对其腔调进行辅正，力争字正腔圆，动人心扉。土家族姑娘哭嫁一般有“女哭娘”“哭姊妹”“骂媒人”等内容。哭嫁时间长短不一，一般为 7 ～ 10 天，个月之余也不见怪。开始时是轻歌微吟，后来哭得口舌干燥、嗓子嘶哑、两眼红肿、如疯如痴。这种现象如今已不多见，即使“哭嫁”，也不过三两声而已。

花轿迎亲 花轿迎亲像芳香四溢的蜂蜜，甜透了一寨人。村寨里哪家娶儿媳都是村寨人的喜事，也是村寨大家的事。喜庆的日子还未到，大家便早早过来帮助备办柴火，筑起办宴席的临时土灶，装扮新房，你帮三五升黄豆，他帮两三只土鸡，至于有帮备办

土家哭嫁

花轿迎亲

大米、菜油、白菜、萝卜、冬瓜、小菜的乡亲就更多了。俗话说："一家有喜事，都当自家办。"大家有力的出力，有钱的帮钱，有物的出物，村寨人没有半点客套，主人也欣然接受。

到了迎亲的日子，村寨人备好旗锣帐伞，八抬大花轿，敲锣打鼓，鸣炮奏乐，会帮你热热闹闹地把新娘迎进新房。大家一起吃着大碗饭、大块肉，喝着大碗酒，不论辈分高低，一起闹洞房、哄喜糖、逗新娘、戏新郎，整个村寨充满了欢乐。

拦门下马 马头溪村流传有"拦门下马"的习俗。凡结婚双方必选一吉日，吉日当天，男方必派一班人去女方家迎亲，其中一个伴山、一个带小礼、再一个便是媒人。媒人是这班人的主角，担任接亲的主要任务。

当迎亲队伍来到女方堂前时，不能直接入堂。女方堂前摆有一个小桌，桌上有一壶酒、一壶茶，还有香纸、谷物等，女方必有一位主人站在桌子一边，静候迎亲队伍到来。迎亲队伍到了桌前必须停下来，乐队也停止吹打，女方主人点头示意。

托新娘

主问：“红叶伴山和主人，吹吹打打到寒门，不知为的什么事，请把原因说分明。”

客答：“昔日媒婆把言传，秦晋两国结良缘，今日到府来迎亲，礼节不周望海涵。”

主问：“这位先生是说客，请问怎么称红叶，我们少把诗书读，其意根本不晓得。”

客答：“御沟拾叶把诗题，于佑纺得宫娥妻，今日结成鸾凤友，方知红叶是良媒。”

主问：“客官为何称伴山，伴山伴的什么山，我今向你领个教，要请先生说根源。”

客答：“伴山迎客作陪伴，归纳起来一句言，泰山有个丈人峰，恭迎岳父伴泰山。”

主问：“伴山是个文明人，下马茶酒饮三巡，迎亲之礼拿出来，然后才能把堂升。”

客答：“茶不喝来酒不饮，茶酒点滴敬祖神，我把小礼交于你，贵府莫嫌礼物轻。”

主问：“拦门下马前人兴，收了礼物不再增，闪开中门迎客官，红叶伴山把堂升。”

客答：“来到贵府很文明，结了亲戚一家人，言语不周多谅解，我们在此把揖敬。”

所对话的语言不仅仅是这些，多数是临场发挥，一般是打嘴巴架，常逗得围观者捧腹大笑，给结婚的吉日增添许多欢乐的气氛。

拜堂成亲 娶亲归来，须在大门口停轿，由懂方术的老者拎鸡见血“回喜神”，念咒画符，以防喜神冲闯，并将雄鸡摔过轿顶，踢翻凳子。之后，奏乐放炮，迎轿入堂。拜堂即是新郎新娘拜祖神、家神，在堂屋神龛前并立，男左女右，由礼生喊礼：

一拜天地（跪，叩首、再叩首、三叩首），起！

二拜高堂（跪，叩首、再叩首、三叩首），起！

三拜宗亲（跪，叩首、再叩首、三叩首），起！

夫妻对拜（行叩首礼即可），进入洞房！

拜宗亲时可喊爷爷奶奶外公外婆舅舅舅妈，新郎新娘这厢有礼。

拜堂完毕后，新郎新娘会飞奔入洞房，竞相抢坐新婚之床，俗称“抢床”。民间传说，谁先坐在床之中央，将来就由谁当家做主。有的新娘为了争得家里的地位和权力，不受男方“欺负”，往往不等拜堂完毕，就挣脱搀扶人的手，飞奔抢床，昂然坐于床沿中央，新郎则只好作陪。若新郎抢先，新娘可以挤新郎，争个平等地位。

三天回门 男女结婚后的第三天，新郎新娘要清晨赴女方家，有马骑马，有轿坐轿，或步行回娘家拜客，叫“回门”。回门这天新郎与女方家亲友见面认识，熟悉其称呼及尊卑大小。这一天，女方家必须备办筵席款待亲友，叫作“配正客”。新婚夫妇必

交杯酒

须当天天黑以前回到新房。如果路程远，当天无法回家，则十天后回门。

◉ 生育习俗

捡生踩生

捡生 土家妇女生产婴儿叫“捡生”。“捡生婆”进产房后，要祭祀“催生婆”，保佑母子平安。捡生时，要把产房门窗开一条缝，目的是让投胎的“魂魄”进得屋来。如果婴儿迟迟生不下来，就要给产妇煮些吃的，叫“催生”。婴儿若为男孩，则用父亲衣服剪掉扣子以后，把婴儿包紧；若为女孩，则用母亲衣裙包之，但忌用女人裤片包裹。婴儿出生那天，须用白纸剪成一个手执雨伞的老太婆像，俗称“阿密妈妈”，又叫“巴山婆婆”，贴在碗柜壁上，虔诚供奉。以后每天餐前供奉一次，120 天后则逢年过节或每月初一、十五敬祀。

踩生 婴儿出生以后，第一个外人来到产妇家里叫作“踩生”。产妇家得留“踩生人”吃炒米茶和鸡蛋、甜酒、团馓等。饭后，“踩生人”看婴儿，说些“长命富贵”“易养成人”之类的祝福话。第七天，还要请“踩生人”作“干亲”吃饭，两家认“干亲家”。

借起乳名 当地人认为，给小孩起了乳名，便于抚养。土家族人甚至认为，乳名起得越贱越好，如“狗子”“叫花子”“岩头”等等。这些乳名，到了上学年龄后，一般正式场合便不再使用，但在同辈人和长辈的口中，仍一直沿用。此俗亦来自于汉文化的传播，《宋史・先举志》载：“九年，凡无官宗手应举，初生则用乳名争揖，既长则用训名。”

满月祝米

满月 又叫“看嘎嘎”。婴儿满月后，外婆亲自接女儿和小外孙去住一段时间，俗称“出月”。去时，用锅烟灰在婴儿额前面画个“十”字或“王”字，以避惊吓，在被窝上盖块尿布（自盖哭嫁手帕）避邪。遇土地寺庙烧香礼拜祈求神灵保护小孩顺利成长。在外婆家住一段时日后，由孩子父亲接回。回家时，外婆在婴儿摇窝上扎满五色线，人称“长命线”。

祝米 送祝米是马头溪人历代传承下来的风俗。一般在小孩出生 10 天左右，为庆祝家中增添人口后继有人的吉祥喜事，操办酒席，宴请亲朋好友团聚，就叫“祝米酒”。

如果初生小孩满月之后再设宴，就叫“满月酒”。送祝米时，岳父母及其亲族，挑着摇窝、被窝、衣服、鞋帽、袜子、鸡、蛋、糖、肉、阴米到女婿家祝贺，女婿家的亲族也登门送礼。无论是祝米酒还是满月酒，女方父母都是这个喜庆之日的主角。凡是女方的亲戚朋友前去送礼的就叫作“送祝米”。

送祝米的女方亲友不能分散着参加酒宴，而是在某个地点聚齐后，排着队伍，放着鞭炮进入男方家中。男方除接待外，还会安排男女双方女主人都坐在客厅，由男方女主人抱着新生儿来到嘎婆[①]，面前讨“封赠”。讨“封赠”就是讨嘎婆的金言美语和礼物。如果嘎婆不善言表，可事先找人替代。紧接着，就展开一场舌战，涉及的内容可多可少。

主道：“嘎婆真的志气高，来的礼物确不少，都是买的高档衣，既漂亮又时髦，听说粮食几百挑，人民币有几大包，他年外甥来长大，就把嘎婆恩情报。”

客道：“修到一个穷嘎婆，腰中无钱莫奈何，人也穷来志也短，光手进门无话说，什么鸟做什么窝，送的都是马虎货，亲家切莫怪我穷，嘎婆脸面无处搁。”

主道：“嘎婆讲的谦虚话，来的礼物无处挂，肉莫蒙在饭里吃，何必要当那傻瓜，仍是向您讨打化……外甥生得真不差，不讨金来不讨银，只讨嘎婆封赠话。”

客道：“聪明有种富有根，只有孝子出贤孙，老子英雄儿好汉，鲁班虽巧傍墨行，但愿外甥名远扬，一帆风顺把官当，送给外甥长命钱，荣华富贵万年长。”

为表体面，女方主人常常把所送的礼物或钱币用绳子或篙子悬在堂前。

剃头开荤

剃头　土家族地区一种育儿习俗，即小孩满月后第一次理发。一般在满月后择吉日，请剃头匠理去胎发，故称“剃胎头”。所理下的胎发要用红布包好，藏于家中的箱底。同时在小孩头前部留下一小块头发，俗称“毛角达达”以示保命，这一块头发长得越长越好，有的一直留到 12 周岁后才剃掉。

开荤　即让小儿第一次吃荤菜，享受人间烟火。“开荤”的时间一般是百日之后，其父母要专门用牛或猪、羊的舌头作荤菜。羊舌头是开荤的最佳之物，小孩尝了羊舌头后，意味着日后不挑食、不偏食。荤菜不能自家备，需向别人家“讨”来。相传这样小孩长大后会“吃四方”，福大运气旺。开荤时只需将荤菜用猪油炒熟，放上适量的盐，夹来放在婴儿的嘴边，用舌头舔三下即可。

① 指女方女主人。

百家衣饭 为了孩子易养成人，有的把孩子寄拜别人为子；有的向一百户人家每家讨一块小布和少量大米，给孩子煮“百家饭”吃，缝“百家衣”穿；有的给小孩戴“百家锁”，锁上刻“长命富贵易养成人”的字样。

钉记性片 指小孩满月后，母亲要剪一块布，折成三角形，缝在婴儿的汗衣领上。这个三角形布包，名为“记性片”，以示孩子长大后，记忆力好，聪明能干。

◉ 丧葬习俗

马头溪地处大山深处，至今仍沿袭土葬习俗。其中一些迷信的东西有所简化或淘汰，有些习俗则仍在传承。

入棺习俗

烧落气钱 指老人去世后，立即烧纸钱以送亡者，因纸钱烧于老人咽气不久，故名之。土家族老人去世之前，其亲生儿女都要守候一旁，长子要把老人的头置于自己怀中，直到老人咽气，俗谓“接气”。老人去世后，要用白布 2 米将亡者抬起，四人各抬一只布角，轻轻置于亡者房中的堂屋大门板上，再把亡者床上的稻草拖至十字路口烧掉。同时烧三斤六两纸钱，三斤烧在一起，六两烧在一旁。抬亡者之前，还须将亡者床上的蚊帐门打开。苗家老人去世之前，其亲生子女在其咽气之时，要大声呼唤老人。老人咽气后，要放三响火铳，俗叫“启程炮”。同时也要立即在锅内烧三斤六两纸钱，并将其纸灰用布袋盛装，扎于亡者腰间。

下榻 断气时由儿子跪着烧落气钱纸，女儿则用白布蘸水洗亡者的心窝和手足心，叫作“抹五心”。然后给亡者穿上寿衣寿鞋，移尸在席子上，脸盖白纸，身盖红寿被。左手拿桃枝，右手握饭团，双足用绳子系住。脚边点一盏清油灯。裤带用棉纱搓成，有多少岁就用多少根棉纱。

入殓 旧时死人入殓时，在棺材底垫一层筛过的火灰，用茶杯在灰上印圆圈，亡者有多少岁就印多少圈。再用皮纸或钱纸按亡者岁数折成人字形铺在灰上，垫上被单，放入遗体，用亡者旧衣将遗体塞紧，盘上寿被，揭下盖面纸，让亲属瞻仰遗容，然后闭殓。富有的人家出讣告，扎灵堂，大门前贴上“当大事”三个大字。请道士做道场一般三五七天不等。

丧礼习俗

报丧 当老人亡故后，孝子要派人去亲友家报丧。报丧时，需等主人知道其前来报丧，并同意进屋后，报丧者方可进屋。报丧者若说“你们的某某老了”，听者便明白某人去世了。旧时，土家族人还要跪在亲人屋前报丧。

吊丧 即亲族戚友来丧服之家吊唁。里邻无论亲疏，或负米一囊，或玉米一袋，皆来赙。子婿则必各具牛只、纸扎旗伞一套，用鼓乐助奠于灵前，名曰“上祭”。一般前来吊唁者，为村寨邻居及各亲友，或以粮食，或牵牛、羊、猪等，前来资助。土家、苗族吊唁者带礼物一般在堂屋前就已交托孝家，自己则一跨进堂屋即哭拜于灵前，而孝家之女、媳们闻声亦纷纷前来一同拜哭。

烧猪头香 土家族“吊丧”习俗。安葬前天，亲族戚友前来祭奠，一般要送猪头一只，纸钱三斤六两，挽联一副，亦有送谷米、玉米、猪羊、祭幛等物者。旧时亡者的女儿均要送一头猪或一只羊，还要送上祭文等。凡前来吊唁者，都要在亡者灵前跪拜三下，亡者之长子须陪客人一同跪拜，且还须向吊唁者还礼。若吊唁者为女性，一般应伏于棺材的头部即靠神龛一端痛哭，亡者女性亲属亦须陪哭，经长辈劝导方止。

哭丧 老人去世后，除向亲友报丧“烧落气钱”等习俗外，民间还有“哭丧”之俗。丧葬人员主要是孝女儿、媳妇、侄儿媳、侄孙媳及出嫁的女儿、侄女等。哭诉的内容大都是诉说亡者对自己的恩德教诲及死者一生的言行功德，盛赞亡者以及对亡者离去的痛惜和难舍之情。整个丧期不时有哭丧之声，尤以夜晚最盛。土家族人认为哭得越凶，表示哭者越知礼，越能得到村人的赞扬，且孝子家越兴旺发达。

绕棺 又名“打绕棺”“穿花”，由巫师主持，也有由年长者主持的。常常是巫师一人在前引导开路，其后孝子及亲属 3 ～ 7 人紧跟其后围绕棺木旋转跳唱。孝子必身穿孝服、头包孝帕，其余人等听便。绕棺以跳为主，以唱为辅，伴之以鼓、锣、钹等打击乐器，场面十分热烈。跳者动作要突出“绕”，有膝部松弛、含胸下沉、出胯，颤动等特点。就舞姿内涵而言，多表现古代军战、原始渔猎生活和农事生产活动内容等。唱词多为亡人生平、神话传说、历史故事等。绕棺仪式常由缓起，愈来愈急，所跳跃的路线为“S”形，且旋转愈来愈快，到高潮之处，让人眼花缭乱，目不暇接，是古代“绕尸而歌”之俗的遗传。

唱丧歌 丧歌又叫“孝歌”。土家族死人后其亲人请唱丧歌的歌师夜晚在灵柩前以丧歌伴灵柩。歌师不要报酬，有唱一夜的，也有唱两三夜的。丧歌分“歌头”“歌身”“送骆驼”三部分。夜晚孝男在灵柩前摆一张方桌，桌上摆酒、菜、茶、烟，歌师围桌而坐，边饮酒边唱歌。开始一人用低沉悲凄的声调起歌头，主要唱亡者从病到死的经过，歌唱亡者一生的事迹。然后唱《二十四孝》《教子》《十月怀胎》以及《散花》，也可即兴而作，还可唱历史故事，天快亮时唱《送骆驼》。

丧葬跳舞　土家族人死后，其亲属家人都要请道士进门观灯坐夜。三天以上观灯祭祀活动中都有丧葬跳舞环节，三天左右的金刚灯或大沙灯，七天左右的道场，道士闹丧、拜懺程序都会引领众孝儿孝女大跳丧舞，往往累得孝子们叫苦连天。道士在这两道程序中以各种奇特的动作和舞步，引领跟在其后孝子们仿其姿态。这些舞姿舞态多半带有捉弄孝子的成分，其中还参杂许多磕头作揖的动作。

葬礼习俗

棺罩・旗伞　“棺罩”即罩在棺材上的一种装饰，以白纸为主要材料，其他彩纸配花扎制而成，为土家族地区盛行之葬俗。先量好棺材之长宽尺寸，再请人用竹子扎成棺材帽的竹架，其上缀以五色纸花若干，正中或立一“凤”鸟之形，或立一龙虎之状，或立其他图案，五彩缤纷，光彩夺目。出殡时一并抬上山，垒砌坟墓后，将棺罩盖于坟上。“旗伞”是苗族丧葬之器具。据《大庸县志》载：“惟初丧时用五色纸张扎旗伞，剪自纸作标钱悬挂于死者棺首。”“则必各具牛只，纸扎旗伞一套。”此处的纸旗实为棺材的一种装饰物，但却包含着祝福亡者在另一世界里扛旗征战，以为先锋之意。

发丧　即出殡前的丧葬仪式，发丧一般在黎明举行。发丧时，道士或巫师先念一遍经文，用手摇动引魂幡。念毕，将引魂幡交与孝子，随手抓起一根法棍，俗称“打丧棍”，朝棺材头部小板凳上的瓦片击去，打得瓦片四散飞溅。随着这声响，十几位青壮后生以双手扣住棺材，使劲将棺材抬至屋外的两条长凳上，同时鞭炮齐鸣，送棺材出门。此时管事人一面分派人扎草鞋，一面分派人破篾捆棺材，系抬丧杠。孝子及其他亲属则铺一草把，跪其上，在棺材四周放声痛哭。待准备就绪，孝子执幡并怀抱一只“引魂鸡”和灵牌走在前面，哭喊：“父亲（或母亲），跟我来吧。”众人用肩扛着棺材随之而行，孝子前面是吹鼓手组成的乐队，棺材之后是送葬的人们，一路向新挖的墓地进发。

抬丧　即扛棺材上山。土家族人抬丧，无论葬地多远，棺材不能停留，因为抬丧的队伍 30 ~ 40 人，可中途换人，轮流休息。抬丧时，遇山路难行之处，棺材上头各系一条长长的粗绳，由大人小孩组成上百人的拖丧队，将棺材拖上去，抬丧者只需以肩负棺材随行即可。凡棺材所过之处，无论稻田庄稼，均可直线前行，踏坏庄稼，均无须赔偿。

送葬 送葬当日清早，亡者附近的青壮年男子自愿为之出柩上山。时辰一到，灵柩起动、锣鼓齐鸣，鞭炮震天，全家举哀，亲朋好友随后送葬。一人在前，沿途丢“买路钱”，孝子长抱着灵牌引幡，走在棺前。碰到艰难险径，孝男孝女下跪迎灵，提醒大家谨慎，哭声悲切，深得抬柩人怜惜。于是大家合心齐力，渡过难关。“抬丧不认路”，凡灵柩路过之处，遇庄稼可以践踏而过，遇障碍物可拆除而行，主人不能干涉，因有“凡亡人踏过的地方，损失之物，来年可以补回”一说。这样，直达葬地后，送葬人方可自回。返回时，孝子要揭去头上孝巾，并且不能回头张望。

安葬 安葬坟地先由阴阳先生按死者生年死日及其子孙八字择山向，一般多在山脉起落处，后有大山，前望山尖，层层相连，越远越好。墓井早已派人挖好，灵柩一到，就在井内烧钱纸和芝麻秆“热井”。后由阴阳先生在井内画八卦太极图、洒朱砂，以接地气。下葬时，锣鼓鞭炮齐鸣，落棺于井，孝长子跪在棺材盖上先挖三锄土，众人接手抢埋，棺墓四周边洒雄黄边掩土，以防虫蚁。堆坟头时，将地契埋于底部，坟为椭圆形。白族还用一陶罐装五谷茶叶和五条活泥鳅随葬。阴阳先生“安山”撒“阴禄米”，孝子们跪坟前施接，并以钱酬谢。安葬结束，回家路上，孝子边走边喊亡者回家。

挖三锄 棺材放入墓坑中后，棺材中的死者头靠内壁或靠山、脚朝外，治丧人用白酒喷于棺材盖上及四周，并撒放雄黄、朱砂，以防虫子打扰亡者。孝子左脚曲跪于亡者头部方向的棺材盖上，右脚立于地，双手握锄，挖土，并将泥土覆盖于棺盖上。每挖一锄，要呼喊一声亡者，挖至第三锄时，锄头不能提起，这时众抬丧及送葬人合力用黄土掩埋棺材。有的地方土家族则将孝子手中的引魂幡和哭丧棒插于坟头，并放上棺罩，撑开一把旧雨伞一并插于坟头。还有些地方在墓前插上神龛下的 7 把桃木弓箭。葬毕，道士执引魂幡回家，凡踩了新坟土者均须先到丧家，丧家在门口摆上稀饭，拌几枝桃树枝，让参与送葬并垒坟者吹上三口，方可进屋，俗称“摘荔枝”。

立碑 即在坟前竖一组石碑，一般为“三镶碑”，分碑头、碑柱及碑座，其形制如“九镶碑”，无祭文及墓志铭刻。立碑亦须选择吉日。立碑之前，先请石匠将碑制好，然后孝子带上香、烛、纸、酒、肉、饭食等祭品请十几名亲友或邻居前往。碑立毕后，烧香、燃烛、化纸、献祭品。无论是“合棺”“打新居”或立碑，均是后代子孙对亡故亲人的一种孝心表现。

撒网

搭虾米

放凉洞

赶濠

夜捉泥鳅

钓鱼

◉ 其他习俗

照夜火 马头溪渔业资源丰富。每到夏晚，村民们便三五成群地来到马头溪边稻田里照夜火。照夜火所用之法原始古朴，备火罩子一个，用铁丝织成，有时也可用火把，内燃松树明子。渔者手持长刀或鱼叉，持火罩沿河滩夜巡，鱼夜见灯火，往往安然不动，渔者眼明手快，飞刀杀鱼，刀无虚发。捕捉田中泥鳅、黄鳝时类似此法，除火把、火罩外，还需备“针抓”一个，用长钢针数十枚绑扎于竹板一端，针面长约 6 ~ 10 厘米，宽 3 厘米许，再备竹钳一把，用两片竹板制成，前端钳口成锯齿状。盛夏闷热之夜，巡回于田中，泥鳅、黄鳝多卧在泥上乘凉，见灯火亦不动。渔者用“钉抓”啄泥鳅，或用竹钳夹黄鳝，常常满载而归。

捉黄鳝

甲鱼下蛋

放诱笼 放诱笼是马头溪村村民的渔业

习俗。每到春耕季节，村民们便来到西边界的稻田里开始放诱笼，主要是诱捕泥鳅、黄鳝。放诱笼前，先用细篾织成小型竹笼若干，口肚宽，颈细，且装有倒须。笼中置药拌食物，其味香。相传此种诱饵须经师承秘传，一般不轻易外传。入夜，渔者携诱笼数十个，放于田中，笼口略低于田水平面，每块田视其大小，放置诱笼多少不等。泥鳅、黄鳝闻其香味，纷纷从泥洞中钻出，前来求食，多坠入笼中而不得回。次日清晨，渔者只需取回诱笼即可，往往一夜之间，能捕获数十公斤之多。此法在一丘田中仅使用一次。

狩猎 马头溪村有南武当山脉、观音堂山脉和青土峪原始次生森林，大片的深山丛林中野生动物资源丰富，尤以野猪最多。马头溪村历有狩猎习俗，这里多百发百中的枪手、善于翻山越岭奔跑的赶角和训练有素的猎狗，善于开山扫影的法老。每年秋收结束，农闲下来，狩猎活动就开始了，一直到来年正月结束。狩猎是来自远古的土家族习俗文化，是了解一方土家人迁徙历程的百科全书。

链接：少年打虎英雄

燕烈常，1936年生于猎户世家，生父燕学华是马头溪村寨寻踪觅迹的狩猎赶角，养父燕学富是弹无虚发、一枪毙命的狩猎狙击手。烈常8岁开始随养父燕学富学习猎枪弹药制造、弹药上膛、出手速射、射杀飞禽走兽等本事。

燕烈常家住马头溪的西边界寨子。南武当山脉横亘数十里，四面峭壁百丈，古木参天，人迹罕至，野兽成群，虎豹出没。马头溪一带群众人心惶惶，白日结伴出行，入夜将门用大棒撑上，通宵不敢熄灯。1953年元月，藏身南武当山上的一只雄性虎王短短7天时间就将西边界两农户一猪一小黄牛捕食，农会要求沅陵县政府捕杀老虎，沅陵县政府派县中队一个班的战士前来支援。农会组织300多名猎手和村民，上百只猎狗，在县中队的带领下，敲锣鸣枪对南武当山脉展开地毯式的搜捕。受惊虎王直奔山下马头溪雷公岗，燕烈常父子设两道关卡狙击。年仅14岁的燕烈常把守第一关卡。刚刚进入关卡，虎王就从3米多高处腾空起掌，燕烈常举枪射中虎王腰身，没有毙命。受伤虎王坠入农户烧炭的一大堆树枝之下，兽性大发，扑向燕烈常。树枝堆达3米多厚，虎王三次拼命挣扎突围都没有成功。养父燕学富听到燕烈常狙击枪声沉闷，知道他击中虎王，怕出意外，直奔燕烈常狙击的第一关卡。燕学富赶到时，受伤老虎已窜出树枝堆外，腾空起掌，再次扑向烈常，燕学富急忙举枪射杀，击中虎王头部，虎王顿时坠地毙命。捕虎队伍把229千克重的虎王抬下雷公岗，农会为烈常披红戴花，抬着虎王敲锣打鼓在临近村寨巡回展示。后来虎王被大庸县贸易公司以360块光洋收购，燕烈常分得3块光洋，燕学富分得2块光洋，参与捕虎的群众每人分得1块光洋。

土家族少年燕烈常为民除害，枪击虎王的英雄事迹，农会呈报到沅陵县人民政府。后来，燕烈常被沅陵县人民政府授予“少年打虎英雄”的光荣称号。

烧木炭 马头溪村杂木林多，烧木炭是马头溪村村民2000年以前经济收入的一部

烧木炭

分。烧炭分烧白炭和黑炭两种，主要用于居民取暖。烧白炭难度大，费时费工。烧白炭时，先挖一个有门有天星眼的“Q”型土窑，装满木柴，从门边引火，等窑里木柴着火后，用大柴拌火土灰将门缝封死。约三天后，待天星眼不冒烟时，打开窑门一根一根取出，放进备好的一坑火土灰里，用湿润的泥土盖紧，适当洒水，保持泥土湿度。五天左右后取出，木炭即成灰白色，故名为白炭。烧黑炭过程同烧白炭一样，只是等天星子眼冒白烟时，用岩板盖上，再盖上一层火土灰蒙紧，五天后开窑取出，名为黑炭，黑炭除取暖用途外，也是五匠（金、银、铜、铁、锡）烧炉子、生产各种金属器具的主要燃料。

◉ 农家谚语

马头溪村有许多流传至今的农业生产生活谚语。这些传统的谚语，对指导农业生产具有重要的现实作用。如水稻播种季节“穷人莫听富人哄，桐子开花就下种”；“七豌八蚕，九油十麦”说明七月种豌豆，八月种蚕豆，九月种油菜，十月种小麦。“七沃金、八沃银”指乡村旧时翻耕水稻田、腊水田最好的季节是七月和八月，因为这两个月一则气温较高，翻进泥土的稻蔸和杂草易腐烂，二则翻耕之后即进入寒冷的冬季，可杀死病虫害，从而达到生物防治病虫危害的效果。这些谚语，言简意赅，一语中的。

生产类

外有一个拨钱手，屋里有个聚宝盆。

穷人莫听富人哄，桐子开花就下种。

七豌八蚕，九油十麦。

田怕迟一日，地怕迟一时。

春耕深一寸，如同施支粪。

小满不满，芒种不管。

立夏不下，犁耙高挂。

田要过脚板，地要过铁板。

三分种，七分管，十分收成才保险。

麦见阎王粟见天，黄豆绿豆掩半边。

宽秧田，窄菜园，庄稼一支花，全靠肥当家。

头伏芝麻二伏粟，三伏四伏种绿豆。

有收无收在于水，多收少收在于肥。

生活类

有水必有渡，有山必有路。

人怕敲，火怕捞。

只要树根正，不怕枝叶斜。

留得青山在，不愁没柴烧。

人无理讲蛮话，牛无力拖横耙。

跟着好人学好人，跟到老司学鬼神。

家有良田百亩，不如薄艺在身。

天气类

立春晴一日，农户不用力耕田。

惊蛰冻，早秧冲。

清明不明，蚊虫咬死人。

清明要明，谷雨要淋。

夏至无雨见青天，有雨在秋天。

夏至初边吃边愁，夏至中边吃边松，夏至尾边吃边悔。

小暑吃园，大暑吃田。

秋前十二天无谷割，秋后十二天满坪黄。

白露无雨晴百天，白露无雨百日无霜。

立春东风少病疴，晴逢初八果生多。

端阳无雨是丰年，芒种闻雷美亦然。

岁朝宜黑四边天，大雪纷纷是旱年。

立秋无雨是堪忧，万物从来是半收。

秋分天气白云多，处处欢歌好晚禾。

初一巨霜侵损民，重阳无雨一冬晴。

立冬之日怕逢壬，来岁高田枉费心。

南屋当的雨晒得谷，观音堂的雨吓得哭。

马延栏西，有雨潮溪；马延栏东，有雨不凶。

东掣日头，西掣雨。

数九歌

一九二九腰中插手。

三九二十七，檐前雨不滴。

四九三十六，水里长骨头。

五九四十五，冻死老狗。

六九五十四，吹风如榨刺。

七九六十三，行人把衣担。

八九七十二，看牛团作凼凼。

九九八十一，披起蓑衣和斗笠。

◉ 民间信仰

土地神　土家族人认为土地神主司人间五谷丰登、六畜兴旺、鸟兽虫灾、邪魔妖精等，是人们的保护神。土地神是一个多神系统，分为天门、城隍、桥梁、山林、田垄、当坊土地六种，其中常年祭祀的有当坊、山林、田垄土地三种。旧时土家山寨均立有土地堂或土地店，店依其神职分建于山脚、田垄、寨中，城隍土地则建予城镇，店中一般立有“土地公公”“土地婆婆”神像。每月初一、十五，逢年过节，杀猪宰羊，婚丧喜庆，都须敬奉土地神。尤其是二月初二，相传为土地神诞日，祭祀更隆重，家家户户都在土地庙前杀鸡血祭，并观察天气，以卜农业丰歉。民谚云：“土地公公晒出汗，一升荞子打一担，土地公公打把伞（雨天），一升荞子收一碗。”

风水　修屋请人看风水是中国人的传统习俗，马头溪人修房子，尤其是修吊脚楼时是比较讲究的。所谓“风水”，就是要求房子所立之处，要牢固安全，后有依靠，前有照应，左环右抱，山脉相依相连，四季日照充足，有利人的身心健康，看似迷信，实则有一定的科学依据。马头溪村人修房子讲究柴水方便，屋后或左右须得有一处清凉甘甜的泉水。人们重视风水的民间习俗由来已久，希望自己的后代兴旺发达，成为国家的栋梁之材。大凡修屋丧葬都要请风水先生看是否吉利，寻求一块风水宝地，以图子孙荣华富贵。

民间医药

土医 马头溪人注意积累生产生活中的点滴，在采集野果、野菜和渔猎、放牧的实践中，逐步分辨出哪些对人身体无害，哪些能用来治病。一些有胆识有能力的人员，通过不断积累和亲自尝试，成为了一方有名的土医。他们都有独特的药方、疗法，一般秘而不宣，收费公道，不图厚利，遇到穷人还免费为其治疗。对于风湿疼痛、脚手麻木、关节痛、伤风感冒等病症，一般采用拔火罐、刮痧、烧灯火、烧艾等中医方法治疗。

土药 马头溪村药材资源丰富，用药可就地取材，当地人受名医全怀邦的影响，良医良方很多，如肚子痛服用捣烂的蒜头，腹泻喝醋水，感冒喝姜汤，结膜炎用茶叶水洗等。为方便治疗和传承，人们将小偏方编成顺口溜：“认得路边草，一生吃喝都不少”“耳朵聋马汀香，眼睛雾九灵光”“野菊花，满盘抓，痛痘疱，不离它”“三百棒，皮子黄，跌打损伤它为王”。民间还有不少土药秘方，有的世代相传，造福人民，有的或知者保密，或无适合传人而失传。

土郎中 李南王，男，1941 年出生，马头溪村田家湾组人，是一名老中医。1960 年，被名医全怀邦看中，成为其关门徒弟。全怀邦临终前将清朝同治年间的《取吉便览宝镜

土医治病

图》和《增补痘疹金镜录》交给他，叮嘱他当医生首要是医德，再者才是医术，并要求他能将此医术传承下去。从此，李南王便踏上了行医之路，一走就是五十多年。

李南王医术精湛。邻组村民全顺波被医院误诊为“中风”，人事不省、完全昏迷，医生要求病人家属安排后事。全顺波的家人怀着最后一线希望找到中医李南王。李南王通过仔细检查和拿脉，最后确诊为“破伤风”，并当即表态说病人有救。随后他根据“破伤风”症状，用中草药便将全顺波治愈了。另有一位来自沅陵县官庄镇唐姓患有病毒性肝炎的病人，来到他家求医，也被他用中草药给治愈了。

行医多年的李南王，总结了很多偏方，在治疗妇科病的实践偏方尤为突出。他看病的方法传统。一是审脉，二是察言观色，三是对症下药，药量少，效果好。由于他不善言表，他师承和从实践中摸索出来的很多治疗经验面临失传。

李南王医德高尚。村民陈进炳因农药中毒，处境十分危险，因陈进炳与李南王素来性格不合，陈进炳的家人不好意思开口，李南王知道后，主动去他家将其治愈 。从医五十多年，李南王从不计较报酬，把治病救人当作他最大的快乐。如今，由于几个村合并，他把医务室设到了自己家里，并在医务室门上写下一副“仲景医之祖，华佗算神医，良医是良将，用药如用兵”的对联，以此表明他一生的心愿。

链接：蛇咬伤的小处方

马头溪村夹在两山之间，溪流沿岸山沟众多，植被丰富。春、夏、秋三季是蛇的活动期，特别是夏、秋两季是蛇的旺盛期，常有蛇伤人的事件发生。一旦被蛇咬伤，必须由自己或同伴进行急救处理。主要分三步进行：其一，按伤的部位控制血液循环，用细绳索捆紧伤的前沿，使伤的部位停止血液循环；其二，将受伤处的皮划破，让蛇毒随鲜血流出；其三，用五倍子叶、五个叶子的黄金叶和米米树叶浸入清凉的水中，并用这凉水连续不断地清洗，直到血流停止即可，尽可能防止毒液渗透到血管之中。经过以上处理后，速将伤者送往医院治疗。

历史名人

马头溪村历史厚重，文化底蕴丰富，乡土人情都富含着文化气息，成为人们向往的乐土、文人墨客灵感的家园。他们用诗歌来赞、用民歌来唱，赞美这里的人、赞美这里的水、赞美这里的风土人情。

◉ 名人传略

郑国祥（1715—1796）男，土家族，马头溪村老屋坪组人。自幼天赋异禀，聪颖过人。5岁由母训教，百首诗词倒背如流。6岁随沅陵麻伊洑衙任职的父亲居住，由师爷训教《四书》《五经》《春秋左传》，过目成诵，师爷测试，应对如流，称之为“神童”。

13岁，郑国祥参加乡试，首夺五县统考千子冠，被选送到官办湖广督府学校深造。这是一所专门培养官府子弟从政的国校，执教严谨。郑国祥学业名盖国校之首。18岁，郑国祥在湖广总督府会试一举夺魁，丁未殿试中一甲榜元，翌年擢拔为拟旨郎。34岁，郑国祥组织编纂《大清一统志》《三朝圣训》《政治典训》《平定三逆方略》《明史》等书籍。49岁，康熙降旨宰相陈廷敬总纂《康熙字典》，陈日理朝政国事，便举荐郑国祥参与编纂，郑国祥成为《康熙字典》文化工程的幕后功臣。晚年身患心疾，自知天命难违，将多年俸银积蓄交与乾隆帝“缮修福建炮台”，并嘱儿孙：“丧事从简，不可张扬，微墓小碑……切莫负债”。1796年病故，享年81岁。墓碑没有身份记述和功德褒扬，可谓是“两袖清风归故里，千秋硕德留京师”。

老屋坪寨子

郑国祥一生官居高位，为官清廉，政绩斐然，文功卓著，朝廷曾四次加俸银一级，多次拨专款为其修建老家进士楼，均被郑国祥婉拒。身正为范，学高为师，郑国祥成为郑氏家族引以为荣的榜样。他学贯古今，上通天文，下晓地理，谈吐儒雅，一生为国修志编书，个人墨迹少有流传。为鼓励郑氏后辈从耕从读，他留下“耕读为本，益国益家”的家训。郑氏后辈尊为准绳，勤耕苦读，人才辈出，虽无高官奇才，但也是英俊满门。先辈楷模，良好家风，一直以来，郑氏家族无一违法乱纪之徒，成为一方书香门第、道德人家。为纪念先祖教诲，后人将枞木岗改名益家界，即今马头溪村益家界小组。

李尧（1838—1908）男，土家族，字玉犀，又名必有，两河口胜利坪组人。李尧兄妹5人，李尧居长，父亲李茂松是无田地的农民，靠打零工、短工维持一家生活。李尧自幼天赋过人，好学求知，凡事一探究竟，爱钻研。其父见李尧聪慧，非一般乡下孩子所能及，遂倾其家力送他读书。终因老少九口之家，衣食不继，李尧辍学，幸得堂叔李茂祥资助才得以深造，学业猛进，崭露头角。

咸丰四年（1854），16岁的李尧应童子试，取得生员身份，进入府学读书，文运亨通，意气风发。时年沅陵知府特邀府学众生员中秋赏月联对，即出上联“月明星稀照子地”，众生员无一应对。知府早闻李尧才名，点名李尧应对。李尧有事不在，知府便叫人喊来。李尧脱口而出“雪淡风清近午天”。

同治四年（1865），李尧赴省乡试，因嗜烟成癖，不慎掉烟灰将试卷烤黄，按律以磨卷罪论处，重者治罪，轻者十年不得科考。李尧无功而返。天有不测风云，十年磨卷罪满，又遭父丧，守孝三年，李尧坠入人生低谷。所幸同窗好友之父长沙陆知府惜其人品才华，力荐其到陕西渭泾书院、对峰书院主讲。李尧深入浅出，旁征博引，并以“学而时习之”作文三篇，如珍珠落盘，字字珠玑，竟无同词同语，更无内容雷同，名震西北大地，称之“学界泰斗”。

光绪十二年（1886），48 岁的李尧由义父全能夔资助，考中丙戌科进士，进京会试博得会员，中进士第十八名，应留翰林院任职。主考官爱慕其才，要李尧打点衙门。李尧居官十余年深知民间疾苦，不忘农民本色，悬联于县衙大堂自律：

刑法当宽处便宽，草木亦上天生命；

财用可俭时须俭，丝毫皆下民脂膏。

该联后被西北衙门广为袭用。

李尧居官云南，为改变家乡教育落后面貌，在砂子垭泰山庙创办“天香书院”，将俸银全部资助家乡兴学，闲暇之余传经授道，批阅学生课卷、试卷，为诸生释疑解惑。在李尧的影响下，两河口三岔路口方圆一里之地，竟设私塾学馆四所，实属罕见。一时马头山下书声朗朗，耕读育人蔚然成风。王家坪这块偏僻的弹丸之地，有 28 人取得秀才、举人、进士功名，辰州知府亲题“九都文化之乡”以示褒奖。

光绪三十四年（1908），李尧因政绩卓著，被晋升昆明知府。未赴任上，竟卒于罗次县，享年 70 岁。因居官清廉，所得俸银资助家乡兴学，无甚积蓄，灵柩难以运回故里。幸得知府及同僚、学生捐资相助，得以魂归故里。罗次县百姓感其德政恩惠，以猪羊为祭，万炮齐鸣，扶柩送行，十里驿道哭声不绝。

李尧才高八斗，博古通今，有“湖南五大才子”之称。他一生笔薅砚耕，著述颇丰，“文化大革命”时付之一炬，痛哉！

龚志金（1857—1906）男，土家族，清初举人，沅陵县下九都都总，马头溪夹金岩人。龚志金生于贫苦农民家庭，家里无田无地，靠佃田租地糊口度日。因家住高山，水源缺乏，十年九旱，一家生活十分艰难。他年少聪明，记忆力超群，私塾先生教读一遍，他便能循流倒背。一次随师到沅陵县城置办文具用品，商号贴有县衙布告，先生有意考一考他的记性，要龚志金将公告通览一遍，返校默写出布告全文。返回私塾后的龚志金铺纸提笔一挥而就，布告全文 488 字，不漏、不重一字，先生为之叹服。龚志金后因家贫，无力偿付学费，面临失学。先生怜惜少年英才，免收学费，得以深造，学业突飞猛进，后被先生推荐，师从沅陵县衙官办学校的同窗好友陈大云老师。龚志金如鱼得水，名盖县衙学校之首，备受老师器重。时年科考，两同窗学友请他代笔科考，付资颇丰。龚志金为改善家庭困境，答应代笔，时间到时，自己的试卷还是一纸空文，痛失机缘，两豪门子弟则名登龙榜。亲友为之惋惜，父母感其一片苦心，泪流满面。

时隔 3 年，龚志金受家族资助再度科考，名列举人榜首，一举成名。沅陵县衙委以下九都都总一职，配公差两人，给人不给银，由辖内都民派款。龚志金深知百姓苦楚，不愿加重都民负担，就安排自家两个弟弟当差，义务为都民做事。

龚志金身为都总，不忘农民本色，任职期间处处为都民着想，事事替都民解难。他整天忙于都里的日常事务，调解都民纠纷，年逾花甲，带病理事，病故于调解山林纠纷的当事人家中，享年 68 岁。出柩下葬，都民从四面八方赶来，千名都民扶柩为其送行。

欧开修（1881—1961）男，土家族，韭菜垭村响水洞组人，中共地下党员，湘西北地下工作站成员之一。

欧开修出身贫寒农家，因家境艰难，仅读私塾，年少务农。为改变家庭困境，他农闲往返于马头溪、桥边河集市之间贩卖小货。经多年辛勤劳动，家境渐渐富裕。欧开修虽文化不高，但对世道颇有不满，在贺龙联络员、湘西北驻紫荆塔郭家湾风雨桥地下工作站站长全德主的培养教育下，加入中共地下党，在马头溪收集情报，开办商铺、药店、油坊、碾坊，进行压面、碾米、榨油、熬糖、煮酒、弹棉花、弹棉被等加工经商活动。他诚实守信，童叟无欺，价格合理，生意越做越大，日进光洋千个，成为沅陵、桃源、永定、慈利边界四县的民间企业家，富甲一方。但他生活俭朴，衣服鞋帽近于破烂，一次下沅陵送桐油，被商行老板认为是脚夫下人。欧开修豪富一方，一不置田，二未建房，三不置业，四无遗产，三个儿子成家分户仅修简陋木房两间。欧开修的财富去向一时成谜。后经调查欧开修是地下党员，多为贺龙筹集军费，开修财富去向之谜方大白于边界四县，四界乡民无不肃然起敬。

1934 年，为迎接红二、六军团战略转移的到来，欧开修出资募捐，发动村民重修被洪水毁坏的马头溪土家风雨桥。现桥碑遗存序载："欧公开修……慨然捐资，筹集巨款，鸠工庀材，大兴土木，且以一身仔肩其事，而任劳任怨，概所不辞。"在欧开修的带领下，将中间一大桥，二面两小桥，重修改建一新。适逢马头溪突发山洪，贺龙大军顺利过河。中华人民共和国成立后，欧开修已是年过古稀之人，他的入党介绍人和领导全德主病故，从此他便与当地党和政府失去联系，并作为资本家遭到批斗，终因年高多病，于 1961 年病故于马头溪风雨桥。

全文炳 （1901—1977） 男，土家族，无党派人士，马头溪村两河口组人，兄弟姐妹 11 人，他排行老大。全文炳天资聪颖，过目不忘，加之勤奋好学，初学必读之书，不仅理解意义，而且全能通背。文章诗句常得塾师好评，但家境贫寒，无力深造，得族人捐资助读，1920 年毕业于湖南法政大学。之后又在长沙律师学校进修 1 年，不仕而归乡，在与马头溪交界的沅陵县七甲坪办私塾，任教 13 年，边教书边为贫困人家辩理解交。

任教期间，就读学生 22 人，其中 8 个贫困生免收学费，循循善诱，诲人不倦。全文炳对社会上的不平之事，疾恶如仇。叶家溪一些赵姓人合伙哄抢蚕忙坪乡政府，乡长全盘香找到叶家溪较富的赵其家，指定他交罚款光洋 300 个。全文炳以无辜受害，无据株连之由，以理据争，使赵家免受此祸。又有石坪界全九章，因儿媳夫妇不和，媳张氏娘家有权有势，扬言休妻必须搭配良田五亩，否则对簿公堂。全文炳以婚姻自由等进行理论，赢得官司，伸张正义。日本帝国主义投降后，蒋介石发动内战。由于政局不稳，恶霸横行，全文炳辞教归家，帮贫困人家调解纠纷，有求必应。周家坪保长郑岩生把全朝文抓去当壮丁，他出面以老母在堂、无人供养为由，保释回家。全文炳先后在两条溪保壮丁 40 余人。全文炳为人正直，不畏富贵强权，一生专为贫苦百姓打官司，深受百姓爱戴，被业界称为“贫民大律师”，传扬后世。1977 年 3 月病逝。

李香南 （1910—1988） 男，土家族，无党派人士，马头溪村田家湾组村民，解放后从事教育工作。

李香南的居住地为阎家潭。早在清朝、民国时期，当地商贾巨富在此修建了很多豪华住宅。由于多方面原因，如今豪宅不存，板壁撤除，破乱不堪。李香南看在眼里，疼在心里，触景生情，便在住宅槽门上写下这样一副对联：屋是东倒西歪；人乃南腔北调。横批：一心向党，革命到底。

谁知这副对联惹出了巨大麻烦。当时正值全国范围内开展反右派斗争，有人评价他的这副对联用心恶劣，理由是向党没有注明是向共产党还是向国民党，房子东倒西歪，人也南腔北调，是在败坏社会主义阵营。于是，李香南当即被开除教师公职，划为“右派分子”，最终含冤离世。直至 1978 年，中共中央决定对被划为“右派分子”的人进行全面复查，李香南才得以平反。

全左国（1911—2003）男，土家族，马头溪村学堂坪组人，早年父母双亡。为了生活，他给当地李占魁、二相公等富贵人家看牛马、做零工，和牛一起睡觉取暖，吃的是大户人家的剩菜剩饭。16 岁时，外出数十年的爷爷回家，祖孙两人相依为命，靠给大户人家打工种田，营生度日。19 岁时娶妻成家，先后抚养两子两女，过着省衣节食的苦日子。1950 年，农村实行土地改革，打土豪分田地，建立农民政权，41 岁的全左国任王家坪乡十二农会第一届农会主席。全左国除按标准分得田土和房屋外，其他衣物、家具没拿一件，全部让给其他贫苦百姓。21 岁的长子全云丰是基干民兵，经农会文书同意后，拿一根火铳，穿一件羊毛皮衣，被全左国交回农会财产保管室。从此，全左国立下家规：“弟兄姊妹之间，不准争东西，尽管家庭贫困，要刻苦读书识字，不准当文盲；不准游手好闲，养成好的劳动习惯；不准做损人利己的事，为人要诚实；要有一个好的道德品质，讲文明礼貌；吃水不忘挖井人，翻身不忘毛主席，读书要读毛主席的书。”

全左国终生务农，清风亮节，勤劳耕耘，虽目不识丁，但遇事唯谨，志士可云。2003 年 1 月离世，其清正廉洁的高尚情操被当地人广为传颂。

全永浩（1912—1997）男，土家族，无党派人士，马头溪村朱家岑组人，村寨土郎中。青年时代，他常给人打工维持生计，中年时代开始钻研民间中医术，帮人治病，其用药为纯粹的中草药。他没有进过学堂，也没有拜过医师。在他诊治的疾病中，最擅长治疗黄疸性的急性肝炎，这种需要在医院长期治疗的病，在他手中只需几付草药便可根治。

20 世纪 60 年代末 70 年代初，《湖南日报》《团结报》等报刊先后报道过他的医术、医德，他也被当地中医院聘用行医。晚年，全永浩的医术更是名扬周边千里，成为一位名副其实的土郎中。此后他收徒传艺，一直坚持到 88 岁病故。每年清明节，到他坟前祭拜的徒弟不下数十人。

◉ 人物印迹

全翼之（1849—1892）男，土家族，桥边河村粟子落组人，字忠良，为李尧乡间同窗，博学多才，才思过人，历有“李尧的文章，翼之的诗”之说。他一生功名不遂，教书育人，门生遍布沅陵、桃源、慈利、永定边界四县，培养出一大批优秀文化人才。全翼之学富五车，才高八斗，为一时文人之冠，谈吐儒雅。他一生著作颇丰，因年代久远，大都遗落民间，仅有所著《味唐新草》诗稿在湘西北地区广为流传。因其通俗易懂，语言生动，雅俗交融，脍炙人口，开创了湘西北大地清新诗风。

马头溪村两河口是明清时期的进士之村、国学之地，耕读育人蔚然成风。特别是清末到民国时期，上至胜利坪，下到田家湾，上下不到两里地竟有学馆、私塾五所。因有尊师重教的好风气，进士、举人、秀才等慕名前来任教，全翼之便是先生之一。他们国学功底深厚，教育有方，大庸、慈利、沅陵、桃源边界四县学子慕名而来，山村小寨习诵之声不绝于耳，国学人才辈出，成为国学教育之地，至今还留下“学堂坪”村民小组的地名，影响后世。

全翼之一生虽有男儿豪情、青云之志，无奈命运不济，功名不遂。中年又遭烟毒之害，贫困潦倒，致使一代国学宗师英年早逝。

龚启琼（1884—1960）男，土家族，无党派人士，紫荆塔村龚家湾组人。马头溪村两河口“群长生医馆”中医儿科医生，是享誉湘西北地区的著名儿科医生。他一生悬壶济世，拯救儿童不计其数。贫困人家治病不但分文不收，往往还自己贴药费，被四县八乡百姓称为“妙手神医，济世观音”。

龚启琼出生于中医世家，祖上三代都是中医。龚启琼少时家里聘请先生教习国文，8 岁通背唐诗三百首，13 岁被沅陵一中、朝阳中学和美国教会学校三校同时录取，具有强烈民族精神的龚启琼放弃条件优越的美国天主教学校，进入沅陵一中学习。由于勤奋好学，资质过人，每次考试均名列学校年级之首，特别是国学功底盖一时之冠，被师生誉为“国学先生”。

龚启琼在沅陵一中修完学业后，老师极力推荐他到长沙高等师范学校深造。但他志不在国学精英，立志子承父业做一名乡村医生。时年 15 岁的龚启琼弃学从医，随父学习中医。他既有扎实的国学功底，又悟性过人，学习中医事半功倍，加上勤奋学习和临床实践，18 岁时便成为小有名气的中医。为方便周边四县百姓就医，他在当时最繁华的集市两河口创办医馆“群长生堂”。此后，龚启琼专习中医儿科诊治，经过不断探索与实践，独创《中医儿科推拿医学手稿》《儿科辨证施治》等儿科诊治相关的中医医学手稿，在儿科诊治方面独树一帜，影响医界。民国年间，辰州府衙邀聘他为衙门坐堂医师，被其婉拒，潜心致力于山区医疗事业。

龚启琼胸怀开阔，思想解放。为让祖传医学成果广泛应用于社会，造福于百姓，他摒弃祖训技不传外人、传媳不传女的旧观念，一生致力培养中医人才，门下徒子徒孙遍布大庸、慈利、沅陵、桃源边界四县，其中龚子成、龚子璋、龚子为、龚国楚、龚中正、龚斌雄、龚中凯等均是造福一方的医界中医儿科妙手。龚启琼中医著述颇丰，但在“文化大革命”期间被红卫兵作为技术权威查抄，付之一炬，未能传世。

欧化东 （1904—1964） 男，土家族，无党派人士，伞家湾村德修溪组人，又名存心。其父欧兰林忠厚老实，无田无业，靠打长工、做短工维持一家生活。欧化东自幼聪明过人，6岁师从举人全昌盛，学习国文，熟读《千家诗》《幼学琼林》，通背唐诗三百首，8岁吟诗作赋，书法、对联无一不通，被先生称为“神童”。至13岁学业超群，因先生教读力不从心，转入晚清举人、四县名儒邓赞玉门下。父子赴校脚穿草鞋，身穿打补丁衣服。赞玉门下大多富家子弟，在楼上宴请家长学生，楼下均是挑书箱行礼的脚夫下人。欧化东父子穿着破烂，被理事者安排在楼下与脚夫下人同席，备受歧视。适逢清明先生命题《清明扫墓》作文一篇，限时交卷，欧化东行云流水，一气呵成，最先交卷，先生批阅，见其情真意切，联珠缀玉，文盖诸生之上，惊服，改卷点评请欧化东登台诵读，才知竟是衣裳破烂误为脚夫下人的门生。先生怜悯之心油然而生。经过先生悉心教导，欧化东学业突飞猛进，每次考试都名列第一。先生有事，欧化东代为授课阅卷，诸生无不折服。

15岁，亲友资助化东进入沅陵县衙师范学校学习。刚刚一年，其父病故，欧化东返乡，乡绅全福郁办学馆邀聘化东从教。17岁的欧化东文采不凡，教导有方，沅陵、桃源、慈利、大庸四县交界学子慕名而来，门下弟子200余人。先生以其渊博的学问、卓越的教育才干名震一方，私塾学馆竞相邀聘，长年辗转边界四县的名校讲学授课，门生遍布四县，有的是军政高官，有的是文化艺术精英，还为家乡培养了一大批优秀诗词歌赋书法人才，称之“一代文化宗师”。欧化东一生无意仕途，多次婉拒出任保长、乡长职务，致力教书育人。善书法、精诗词，古文独树一帜，四县边界衙门、民间名篇大作大多出自他的手笔。欧化东一生笔耕不倦，著述颇丰，《存心诗集》《存心文集》均是文之典范，因“文化大革命”付之一炬。

全成松 （1911—1995） 男，土家族，无党派人士，紫荆塔村紫荆塔组人，是一个生性懦弱、胆小怕事、贫困潦倒的乡下文人，任私塾先生多年。中华人民共和国成立后，任两河口农会秘书，农会改乡后他辞去农会秘书一职，改行在两河口乡办诊所行医，后调王家坪乡卫生院，离休后在家开办中医诊所，行医 40 多年。他一世以岐黄立命，诗书赋闲，医术精湛，书法超群。犹善不孕诊治，铁树开花，人称“送子观音”，门生遍布大庸、慈利、沅陵、桃源边界四县。先生书法功底了得，适逢壮年在沅陵书法擂台赛上口咬两尺斗笔书下 5 尺见方“天道酬勤”四个大字，气势夺人，盖一时之冠，名扬沅陵县城。

李远喜（1912—1992）男，土家族，无党派人士，王家坪镇紫荆塔村郭家湾人。其父李富声是红白喜会场中的名督管，精通土家礼俗礼仪。李远喜年少随父学习土家礼俗礼仪，由于天资聪慧，8 岁通背土家《告祖礼》全文，12 岁通晓拦门下马、讲茶上花、请客禀席、升神匾、升号匾、旗锣帐伞、花轿迎亲、建房上梁、祝寿聚会等礼仪套路套式。

李远喜 15 岁从沅陵县一中毕业返乡，放弃学业专心从事土家礼俗礼仪的传承传播，遍访名师，博采众长，集土家礼俗、礼仪之大成。他搜集整理出《告祖礼》《土家婚俗》《土家讲茶》《上梁仪式》《祝寿仪式》等土家礼俗礼仪资料共 50 多万字，用毛笔书写而成，端正秀丽，因年长日久，未能付梓，“文化大革命”期间付之一炬。李远喜一生为传承土家礼俗文化、培养土家礼俗人才呕心沥血，为马头溪、葫芦溪等地培养了一大批土家礼仪人才，在两溪之间产生了重要影响，被当地群众称之为“土家礼俗文化宗师”。

张桃妹（1917—1960）女，土家族，无党派人士，名友桃，小名桃妹，出生在七甲坪镇五家湾村的一个贫苦农民家庭，17 岁嫁给比她小 9 岁的少爷全言章。全家对她打骂虐待，桃妹不堪辱骂，离家出走，来到王家坪一带师从著名歌手梅世玉等，学习土家民歌。张桃妹勤奋好学，悟性过人，3 年后成湘西北一带最负盛名的土家歌手。

七甲坪五家湾是马头溪的下游，张桃妹在王家坪、沅古坪等地流浪唱歌，马头溪是她回娘家人的必经之路。张桃妹的歌声与名声，在马头溪家喻户晓。她曾多次在两河口、关水坪等地参加土家族民间民俗活动，马头溪人常以请到、听到张桃妹的歌声为荣。解放初期，马头溪村村民龚桂梅曾拜张桃妹为师学习土家民歌。2017 年春节，马头溪村举办全国张桃妹土家民歌群英会，前来参赛的有云南、贵州、湖北、湖南等多省土家民歌手。张桃妹从一个贫苦的农家孩子，成长为湘西北著名的土家民歌手，她的歌声唱响湖湘大地，并且唱到北京的中南海，为传播土家民歌做出了巨大贡献。

秦尔金（1942—1972）男，土家族，无党派人士，谢家垭乡胡金坪人。1958 年被分配到两河口村小学任教，很快与两河口人们融合在一起，特别是师生感情非常深厚。

他除认真教学外，还坚持搞家访，走村串户，现在已经满头白发的人还常常述说秦老师接送他们上学的情景。还有些学生得到过他的资助。

1960 年农历五月十四一早，他刚准备吃饭，河对岸来了一群学生，被洪水隔离。他们大声呼喊，表示请假一天。秦老师听到喊声后，马上放下饭碗，约同校老师李子灼、全林阶划排接学生过河。没想到水大而急，加上排篙着不了地，排不由人所控。李子灼、全林阶见状干脆跳入水中，游到岸上，可秦尔金不会游泳，只能牢牢地抓住木排，准备随排漂流，等待机遇。木排滚下大坝，排在坝下不停地翻转。在岸上的人见他浮出水面一次后，便再也没见他的踪影。人们冒着洪水施救，前后整整花了 3 天时间，才从岸边一个岩缝隙里找到他的遗体。当人们把他打捞上岸时，顷刻哭声一片。

媒体拍摄糊仓

艺文杂记

◉ 诗词

过李尧墓有感

李香秋

一对岩硊倒雨傍，祖公坟墓亦堪伤。
早年虽被他人挖，远近犹闻姓字香。

诗题两河口（五首）

一

全子玠

春风袅袅柳丝垂，竹外桃花六七枝。
四壁青山云缥缈，两河碧水玉琉璃。
庭前紫燕当空舞，树上黄莺隔岸啼。
一幅画图归眼底，天然锦绣自新奇。

二

张新华

人杰地灵万象新，山南山北绿如茵。
尧公昔日登龙榜，千古流芳此脉真。

三

郑昭明

清溪碧草紫霞光，黛树青烟绿柳长。
天阙红云双进士，悠悠二水绕书房。

四

李锦葵

文化名村气势雄，峥嵘突兀画图中。
天生美景无穷好，碧水青山绿映红。

五

李晓明

两河水绕一条清，水绕山环到洞庭。
人杰地灵才俊出，家乡儿女若龙腾。

挽李尧先生

全绍卿

绿水青山秀两河，武当钟鼓起文波。
湖南才子云南吏，名士风流进士科。
锦绣文章今李白，神仙器宇旧东坡。
玉楼已去丹书在，六十四功永不磨。

秋游南武当

龚辉浓

大雁南飞一字行，火红枫叶接重云。
南武山色令人醉，霜叶红于二月春。

午歇

全耀章

臂作枕头地作床，田边地下歇荫凉。
农民不洒浑身汗，哪有商行担担粮。

马头溪吊脚楼

张亚凌

翠掩槽门映画堂，玉钩银烛共莺光。
依山吊脚是崖耸，山寨群楼隐绿扬。

巫师

李晓峰

金鼓声通歌舞扬，巫师作法妙超跄。
三声牛角惊天地，一炷火香敬圣王。
令勒雷霆风火急，符书日月斗牛光。
要知休咎从头问，竹筶能占八卦祥。

◉ 楹联

郑国祥题陈廷敬故居联

康熙宰相陈廷敬，乞求康熙为山西古宅题联一副，康熙命郑国祥代撰，郑国祥受命即书：

春来乔木浓荫茂，

秋到黄花晚节香。

郑国祥墓联

硕德永同山，

常喷兰桂香。

戏考李尧

乡绅张飞润故意碰掉李尧的帽子，李尧捡起戴上。张飞润即以“必有”名字出一上联戏考李尧：

张飞润：李必（礼毕）正冠李必有。

李尧联口应对：张飞写字张飞润（认）。

两河口济公界

何其雄

济公出道此山中，万里行程步履匆。

尘世不平当活佛，天缘有分作仙翁。

青山依旧两河水，绿水犹存四季风。

文化繁荣开书面，荷塘月色露光融。

南武当庙联

南武灵神通北武，

西方活佛应东方。

两河口玉皇庙联

李尧

两河绿水朝金阙，

一朵红云捧玉皇。

李尧与辰州夏知府联韵

知府：月明星稀临弟子。

李尧：云淡风清近午天。

济公界南武当联

何其雄

中堂望济公界倒映两河碧水秀，

华厦靠武当山顺承一脉紫气浓。

南武当观音庙联

李炎雄

万古晨钟南武当，

千秋暮鼓观音堂。

题马头溪风雨桥

张新华

霞映河川山色新，

月移桥影画图新。

瑞林冠顶墓联

李晓明

瑞雪千秋凝白玉，

林涛万古放悲声。

马头溪风景联

张中岳

水如碧玉山如黛，
酒盈金樽月满楼。

马头溪出水洞

全子玠

瀑布风来琴自韵，
洞箫声断月黄昏。

马头溪出水洞联

商风梧

水淹洞水半轮月，
雾绕潭边一树烟。

◉ 碑序墓志

马头溪桥碑序

盖闻升仙题柱，司马志在四方。圯上授书，留侯名高三杰。桥之由来久矣！邑之马头溪，上通慈永，上及常德，四通八达之地，亦孔道也。前人于此修石垛，建木桥，天下数万金，已结善人缘矣！而波臣作恶，屡建屡颓，临河之叹，在所不免，行道者悲焉！

欧公开修，痛世路之崎岖，慨然捐资，并约当地荐绅士民，筹集巨款，鸠工庀材，大兴土木。且以一身自肩其事，而任劳任怨，概所不辞。基仍旧，石参新，匠用良，竭精殚虑，自冬徂夏，越六月而始告成。即蒇事，颛价乞序于予。予曰：噫！噫！壮哉斯桥之成也，人无褰裳之苦，车少濡轨之忧，巨功也，厚德也，行见牛背归来，牧子无须问渡；马头奔去，征夫何必停骖。而诸公之勋名，亦将勒之金石，播之歌谣，亦必与司马留侯并垂不朽矣！

全文炳墓志

全耀章　抄录

全公文炳，美治太公之子，祖籍沅陵县七甲坪镇两河村稠树组。少时家境贫寒，田少人多，兄弟姊妹十一人，无法维持生活，迁居永定区王家坪镇两河口村，公之资颖悟过目不忘，加之勤奋好学，手不释卷，初学必读之书，不仅理解意义而能背通文章诗句，倘得熟师好评。但家庭壁立，无力深造，族人有见于此，捐资助读，一九二〇年以优异成绩毕业于湖南法政大学，之后又在长沙律师学院学习一年，不仕而归，代人写诉状，不计报酬，并非好讼，实为排难改纷。后因秋梏于沅陵县七甲坪镇高桥村李树培，公循循善诱，侮之不倦，学生如坐春风，柳浴时雨，辛勤多年，桃李盈门，因社会混乱，捲堂而归，游山玩水以终余年。

郑国祥墓碑

郑国祥故后葬在前临马头溪、后靠观音堂山脉的周家坪枞树岗上，郑氏公墓之地，其后人遵照先父遗嘱“丧事从简，微碑小墓，切莫负债”。碑无三尺高，简简单单“郑国祥之墓”五个大字，工艺粗糙，没有身份记述，没有功德褒扬。郑公国祥字文辅号方坤，郑公为官清正，不为子孙谋官，不为亲属营私……所得俸银，大都捐于福建，续修防卫炮台。

公故前嘱言：“丧事从简，不可张扬，微碑小墓……切墓负债……可谓德高寿高，善终矣！是为铭。”

乾隆（五年）仲冬（二十三日立）

生于康熙乙未二月十六

殁于嘉庆丙辰

注：凡有省略号处因风化字迹剥蚀不全。

◉ 杂记传说

“岩石”与“清泉”

沿着马头溪顺流而下，到达中点可看到长长的山脉在这里陡然下垂，山的两边下垂的坡度均匀对称。最低处，有一块一间房子大小的红色岩石，岩石的右下角有一股清

冬季马头溪

泉，干旱不断流。

相传一名叫张鼓佬的人，力大无比。他响应秦始皇赶山填海的号召，挑着石头途经这里时，扁担竟然压断了，其中一块石头掉在山的这边，另一块石头掉在山的那边。他只好再去寻找扁担。有仙人告诉他，只有月亮上的樟树可做他的扁担。于是他来到月亮上砍那棵樟树，砍了一天没有砍断。第二天再去砍树，发现被砍的又完全愈合了。第三天继续去砍，发现被砍的地方与第一天砍的完全一样，砍到深夜仍然砍不断。他丢下斧头做枕头，干脆睡在被砍的地方。谁知，他这一睡，便与这颗樟树连成一体，再也没有活过来。后来，人们便把月亮上的这棵树叫张鼓佬，而他挑掉的这两块大石头再也没有动了。人们为怀念他，逢年过节自发来到此地烧香拜佛。时间长了，遇到口渴或用水困难，就有人哀求仙人在此出一股泉水，这股泉水，至今长流不断。

放木排

放木排在马头溪村有悠久的历史。20 世纪 80 年代以前，马头溪村盛产杉树，交通闭塞，本地人将杉木做成木排放下洞庭溪，换回布匹、盐等生活用品，至今还流传着可歌可泣的故事。

放排之前先要扎排。将七根大一点的杉树，在蔸上凿眼穿隼固牢起来，中间和尾梢用竹篾藤条捆紧，把十几根或几十根杉条捆成一大捆，再与七根排的树梢对树梢牢牢捆在一起，一挂木排算是扎成了。木排从马头溪放到洞庭溪，全长 125 公里，来回 5 天时间。有 33 道水坝、55 道水槽，沿途乱石星罗棋布，一里一小拐、三里一大拐，十分惊险。涨水时节，马头溪最为热闹，男女老少齐聚风雨桥头，有父母含着热泪送儿子的，有阿妹小弟送阿哥的，还有小媳妇抱着儿子送丈夫的。排将下水如壮士出征，先由村寨里德高望重的老排工敬神烧香烧纸，再敬大碗酒。放排人身背包袱，短裤赤膊，挥动长篙，再望一眼乡亲们，将排缓缓地撑向河心。

排下水坝，排头直钻水中。放排人迅速将竹篙牢扎排头，人不断后退，待排头出水后又快速奔到排头。排过乱石槽，摆直排尾，点篙避石，一切动作都是电光火石之间。过了一道“7”字拐，到达鸟儿槽。清朝时期，时逢秋汛放排，马头溪村关水坪组有两位郑姓姐妹不放心自己的心上人，骑两乘快马，沿河直下。待过了鸟儿槽方与排上人相见，木排走河中，姐妹走岸上，一路相呼相望到洞庭溪木材成交后，夜宿望江楼。时逢中秋，月华似水，八人围桌饮酒庆节，一人起句，“销魂夜景好分明”，一后生望着骑马前来的心上人，便续了一句，“我与嫦娥结伴行”“溪水扬波歌月色”。第四句没有应物的景色可续，一位年长者，想到此时南武当应做晚课，便道，“晚钟送福过松林”。女人对花敏感，面对秋风送来的桂花芬芳，便起了一句，“桂芳入院随身近”，另一女子接下来道，“浊水流潭逐日清”，最后两句是：“何处清风迎远客，马头溪畔最宜人。”八人刚好联成一首七律，在马头溪村流传至今。

民国初期，有一位李氏女，嫁到郑家，不久，公公放排在鸟儿槽遇难。第二年春，丈夫接过父亲的长篙，又在鸟儿槽遇难。郑氏小媳哭了七天七夜。一月后，郑氏小媳辞别婆婆乡邻，一路乞讨化缘到了鸟儿槽。在当地老人的指点下，用三年时间，将化到的一些银两，请铁匠打了一副长链，牢系在鸟儿槽上，从此再也没有人放排遇难了，人们称这条铁链为“寡妇链”。郑氏小媳回到马头溪，在公公和丈夫的坟上哭了三天三夜，便辞别婆婆和乡邻，上观音堂削发为尼，最后还成了寺里的主持师太。

和谐之美

马头溪村原始古朴和谐共处的民风，源自先祖们的家规家训和地方的尊师重教。为了在地处偏远、交通闭塞的环境繁衍生息，共创幸福，他们在马头山下和溪流河畔，因山就势，建起了数千栋如诗如画的吊脚楼。小桥流水人家，雾舒画卷，山开笑脸，霞映

土家火坑屋

河川，莲田生香。炊烟从吊脚楼头袅袅升起，气势大时，形似烟龙，飞过山岗，飞向远方。到处是鸟叫声，野樱桃花开了，一簇一簇点缀在万绿丛中。小路上，年轻后生对大伯说："伯，碾米去啊，我顺路给你带去。"吊脚楼里，东家人对西家人说："来来，我家煮腊肉了，过来逮来。"小黄狗在槽门边不时地吠上一两声，一群鸡在院子外"咯咯"地叫着。有小孩子在阶檐上哭闹，上工了，老奶奶家形似托儿所，照看一群幼儿，到处欢声笑语。不知不觉黄昏来临了，一切都静了下来。昏黄的灯光透过窗纸，院子里有些模糊。过不多时，一曲悠扬婉转的二胡声从邻家传来。月也升起来了，月光从槐荫里筛下，碎成一地的白梅花。小阿哥和小阿妹踏着月色，双双走出槽门去风雨桥上与人对歌。天上的月，桥下的水，桥上的人，合在一处。一时间，水载着月辉，载着桥影与歌声，载向远方去。正如桥上对联：霞映河川山色秀，月移桥影画图新。

夹金岩的传说

很早以前，夹金岩叫茶栗坡。由于漫山遍野都是茶树和板栗树，当地人也就根据物产取这一地名。

清朝中期茶栗坡只有两户龚姓人家，一户是60多岁的两个老人，儿子赶考几年未归。另一户是隔邻的孤女寡母，女儿名叫龚丹霞，其母人称龚嫂，由于丈夫过世早，母女俩相依为命。

一年涨洪水，从龚嫂岩山上垮下屋子大一块石头，滚到隔邻两个老人唯一的口粮田里。龚嫂与女儿商量，一定要把这块大石清理掉，不然两个老人家就会没有饭吃。于是找来锤子、钢钎，母女俩轮换着凿、挑，两个老人也来搬、背。劳作了几个月，老人家累得实在不行，劝龚嫂母女放弃，但母女俩仍然夜以继日的苦干。开凿到冬天，剩下两米一块石头。不幸的是，龚嫂劳累过度，受了风寒，一病不起，丹霞一人又要操持家务，又要凿石。第二年开春的一天，在阳光的映照下，敲下的碎石中有豆子大小几颗黄色的沙石闪闪发光。丹霞觉得好玩，顺便装在口袋里，在以后的日子里，每天总会拾得几颗，几个月下来，积了几升。丹霞手上起了泡长了茧，人也瘦了，最后只剩下箩筐大一块了。丹霞抡起锤子，使尽力气敲打下去，奇迹出现了，沙石碎裂开来，中间有碗大一坨非常沉重的黄色石头。丹霞搬回家问母亲，母亲也不知道，于是就放在房里。

几年后，观音寺修缮庙宇，两个尼姑来到龚嫂家化缘。丹霞将大陀黄岩和细黄沙石搬出来辨认。两尼姑吓得目瞪口呆，问此物从何而来。丹霞道其原委，尼姑说，这是纯黄金，非常贵重。母女俩听说后，决定献给观音寺，尼姑不敢收。第二天，观音寺的主持师太和两个尼姑来到龚嫂家，龚嫂再度要为寺捐金。师太为龚嫂母女和隔邻两位老人留下足够生活费用，也就接受了龚嫂母女的善举。隔了几天，师太请几个石匠，在数十丈高的峭壁上凿了“夹金岩”三个字。

于是夹金岩就热闹起来了，前来淘金的一批接着一批。前来南武当、观音寺求神拜佛的部分香客干脆餐风露宿住在夹金岩，到处开山凿石。据说只有极少数的人在丹霞运出的碎石中翻到少许金子，众人的淘金梦也就慢慢淡了，最后在夹金岩落户的也就20多户人家。他们一边种田种地，一边希望有朝一日能圆了自己的黄金梦。到民国初期，一位龚姓老者在山上挖葛，无意中又拾得数十颗碎金。消息又轰动一时，整个湘西北的人都坚信马头溪村的夹金岩，岩中夹金是非常真实的。

据说，龚嫂母女捐金观音寺有记载，一大块黄金还是镇寺之宝，峭壁上“夹金岩”三个字还隐约可见。由于流传久远，“夹金岩”现在传成为甲金岩。

胜利坪的传说

马头溪村胜利坪组，1963年前名叫沈家坪。据传，清朝时期，此地富裕的沈家人，拥有大量田土、屋宇，银子用斗垫翻晒。清朝同治年间，岩板田、岩壁上钻有“铜锣盖顶十八斤，银子无称称，抬头望见沈家坪，和水一般平”的字句。后人据此字句分析，沈家人绝户后，银子无去向，只有正湾的半湾里有用岩条拟的一条阴沟，引去一股泉水，平阴沟拟有四丈多长，一丈三尺高，岩墙的荒田，看样子是保坎，是否藏宝之地，有待勘探。1963 年社教工作队进驻该组，发动群众开展社会主义教育运动，对一些古文物、旧书刊，墙上的古画，家具上、屋梁上的雕刻，刮的刮，烧的烧，提倡“破四旧，立四新”。当时工作队总结为运动的节节胜利，“胜利坪”由此得名。

百老界的传说

百老界位于永定区与沅陵两县交界的马头溪村两河口。相传一位百岁高人云游四方，来到马头山，见山峰古木葱茏，紫气升腾。老者便登临此峰，只见山顶之处，有一片开阔平缓之地，顿感此地仙气集聚，神清气爽，非同一般，老者大悦，从此便在此山定居，一心参悟心得佛法，终修成正果，得道升天。为纪念这位百岁得道高人，将此山取名“百老界”，即今马头溪村百老界小组。

济公界的传说

济公界因济公活佛隐居在此，修炼佛法而得名。传说济公云游四海，来到沅陵、大庸两县交界的马头山，见此地古木苍翠，峰入云头，祥光普照，气象万千。济公一生游历多少名川大山，从未见如此气象之地，再也无意远游，便在此建庙修炼佛法，劫富济贫，替天行道，为纪念济公活佛，取名“济公界”。 当地人为其修建了一所土庙，命名“济公庙”，庙毁于 20 世纪 60 年代“文化大革命”期间，现尚存寺庙遗址。

李尧墓地

李尧的墓地，到现在都是个传奇。其坟地在离他出生五里之外、十里无人烟的山嘴上，当地人称“李尧嘴”。清朝时期，李尧在云南为官，客死他乡。为叶落归根，云南人民花了三个月的时间，绕山涉水，将他的遗体从云南运回到湖南省马头溪村的两河口。他的坟墓简朴，只是有真真假假的五座坟堆，立有两个石柱子，一个石碑，没有祭文，“文化大革命”时期，有人曾撬开坟墓，也没获得任何宝贝。

吊脚楼下的围栏

大事纪略

◉ 2013 年 5 月获“全国第四批人口计划生育基层自治示范村”称号

关水坪村借助民间艺术人才优势和良好的民族文化氛围，通过自编自演的方式，宣传党和国家计划生育的方针政策，该村连续五年被评为永定区人口与计划生育先进单位，2013 年 5 月，被国家人口与计划生育委员会授予“全国第四批人口计划生育基层自治示范村”。

◉ 2014 年 2 月入选“十二五”时期中国少数民族特色村寨保护与发展名录

2013 年 8 月，关水坪村被湖南省民委授予“湖南省少数民族特色村寨”，关水坪村以此为契机，保护土家吊脚楼，弘扬土家民间艺术，大力发展民族经济，促进村寨民族团结进步取得可喜成绩，2014 年 2 月入选国家民委发布的“十二五”时期中国少数民族特色村寨保护与发展名录。

◉ 2016 年 4 月中国少数民族特色村寨挂牌

2014 年 2 月，关水坪村入选国家民委“十二五”时期中国少数民族特色村寨保护与发展名录，在中国少数民族特色村寨创建时期，重点保护土家吊脚楼，土家民间艺术，土家工艺工匠，农耕文化，大力发展乡村旅游产业，因成绩突出，2016 年 4 月第二批全国“中国少数民族特色村寨”正式命名挂牌。

◉ 2016 年 8 月获“中国最美休闲乡村”称号

马头溪村历年来环境保护意识强，不断加强森林渔业资源保护，森林植被达 96.8%。与此同时，大力发展民俗文化体验，农业观光休闲产业，境内山清水秀，风光如画，2016 年 8 月，马头溪村被农业部等国家 5 部委授予“中国最美休闲乡村”的称号。

◉ 2017 年 1 月获“全国美丽宜居村庄”称号

马头溪村加强生态环境保护，实施村域封山育林，河流禁渔，全力建设水秀、地绿、天蓝村庄，保护传承土家文化，加强水、电、路基础设施建设，境内山清水秀，风光旖旎，交通方便，各项服务设施完善，2017 年 1 月，被住房城乡建设部授予“全国美丽宜居村庄”称号。

◉ 主要参考文献

大庸县地方志编纂委员会编 :《大庸县志》，新华社解放军分社《世界军事》杂志社，1995 年 8 月。

尚立昕、向延振编 :《张家界市情大辞典》，民族出版社，2001 年 11 月。

张家界市永定区地方志编纂委员会编 :《永定区志》，团结出版社，2006 年 12 月。

中共张家界市永定区委党史研究室编 :《中国共产党张家界市永定区（大庸）历史（1921—1949）》，中央党史出版社，2008 年 11 月。

中共张家界市永定区委党史研究室编 :《中国共产党张家界市永定区（大庸）历史（1949—1978）》，中央党史出版社，2010 年 11 月。

◉ 编纂始末

2016 年 11 月 17 日，中国地方志指导小组办公室（简称中指办）下发《中国名村志文化工程实施方案》。为保护、传承和开发利用马头溪村落文化，培育马头溪村青少年的爱乡爱国情怀，留住乡音、乡风、乡思，马头溪村决定启动《马头溪村志》编纂工作。2017 年 1 月 21 日，马头溪村民委员会正式向永定区地方志编纂委员会提出编纂《马头溪村志》的申请。2 月 1 日，摄影师姜阳春、区方志办张宏和、王家坪镇文化站站长李炎雄、马头溪村支部书记郑明华等，组织在马头溪村部办公室召开《马头溪村志》编纂工作筹备会，搭建编纂工作班子。此后，全体编纂人员对 13 个村民小组、9 个村寨农户进行采访调查，先后 9 次对《马头溪村志》篇目进行调整。于 2 月 25 日完成《马头溪村情概述》和《马头溪村志》基本篇目。3 月 1 日，在马头溪村召开《马头溪村志》启动会。区地方志编纂委员会、马头溪村支两委、《马头溪村志》编纂人员、各村民小组组长、全体党员及周边群众共 120 人参加会议。会上，马头溪村按年俗的形式举行民俗表演和会餐活动。

3 月 8 日，中国名村志文化工程篇目论证会暨编纂业务培训会在上海枫泾中洪大院开班，《马头溪村志》执行主编张宏和带着村志篇目参加本次会议。会后，根据中国名村志专家对《马头溪村志》篇目审核意见，进一步修改完善篇目。3 月 15 日，张宏和、郑明华分别代表永定区和马头溪村，与中指办签订《马头溪村志》编纂工作责任状，逐级签章报送给中指办。3 月 24 日，中指办以电子文件的形式正式批示。至此，《马头溪村志》以湖南省第一部名村志进入全国第一批《中国名村志文化工程丛书》编纂范围。3 月 25 日，在马头溪村召开《马头溪村志》编纂工作安排会，区地方志机构、王家坪镇党委政府相关负责人，马头溪村党支部和村委会负责人、党员、组长、村民代表近 200 人参加会议。

为收集资料，先后组织召开 28 次 2800 多人次党员干部、村民代表大会，发放吊脚楼、民间艺术、土家工匠、经济文化、旅游扶贫等村情调查表 15 种，宣传资料 1800 多份，向编辑人员提供 500 多条有价值的信息。编纂《马头溪村志》成为马头溪村家喻户晓、人人参与的一项重大文化活动。

2017 年 6 月，湖南省地方志系统名镇名村志业务培训班在长沙举行，中指办领导和名镇名村志专家来长沙培训指导。为借此次机会让专家对《马头溪村志》进行初步面审，张家界市地方志编委会副主任向凤毛组织单位专业人员加班加点对初稿进行突击文字统筹。并在长沙开会期间，商定召开评审会事宜。

2017 年 7 月 9 日，《马头溪村志》专家评审会在张家界举行。会后，根据专家评审建议，编辑部工作人员经过 40 天的修改、调整和打磨，于 8 月 22 日形成终审稿，上报中指办和省地方志编委会。根据中指办和省地方志编委会的专家意见，又经过 20 天的修改调整和补充完善，于 9 月 18 日完成《马头溪村志》终审稿修改工作，上报中指办。

编纂《马头溪村志》是一个艰苦的过程。为准确把握名村志的编纂思路和篇目设计，寻找写作灵感，理清编纂思路，编辑人员经常夜宿马头溪，任凭春雨朦胧、艳阳高照和秋风吹拂，白天行走在乡间小道，清晨和夜晚穿行在村寨农户。村里没有任何文献资料和数据可考可查，全靠编辑人员实地调查采访。为让《马头溪村志》具体、微观、接地气，编写人员用 28 天时间深入到 25 个村民小组、428 个农户家中，调查走访 3800 多名村民，拜会 128 名工匠艺人；先后 8 次到达海拔 800 多米的西边界、铁匠岗、楚神岗、夹金岩等高山村民小组，座谈 210 多位村民。编写小组走访 3 天，澄清民国年间唐李两大家族婚姻纠纷案、马头溪历史沿革、两河口集市的形成、私塾学馆的设置、寨子抹古城堡修建等历史迷雾。为追寻马头溪人当年放排的悲壮历程，编写人员从马头溪水道南下，到七甲坪、五强溪、洞庭湖，山环水绕 400 多里路，用 3 天时间，或乘车、或步行，走访调查写出当年放排的酸甜苦辣经历。为考证南武当古庙遗迹，编写人员沿着两面百丈悬岩、石头云阶不到一尺的山脊之路，登上海拔 800 多米的南武当古庙。为真实的记录历史，村支两委先后模拟举办土家糊仓节、土家榨油节、土家山歌节、边界四县“桃妹之歌群英会”等民俗节庆活动。撰稿人员中有的已年过花甲，为把握名村志的撰写方法，他们克服各种困难，经受寂寞难耐，打发身心煎熬，有时相互之间一个问候鼓励的电话，一道文稿的切磋，犹如春风化雨，令人欣慰。有些文稿修改 5 ～ 6 遍。

《马头溪村志》记录了马头溪村村民的真实生活，反映了马头溪村村民自强不息的民族精神，阐述了他们渴望改变的意志和努力探索的决心。《马头溪村志》字里行间透露了马头溪村村民的真实想法；外出的游子看见吊脚楼中的风景能勾起他们的乡愁；耕读传承是他们的生存之道；民间歌舞承载着他们的心灵诉求；青山绿水的精美画面将优美宁静的马头溪村呈现给全世界读者。感谢全体编纂人员及其家属，感谢马头溪村村民对编纂工作的积极支持和配合。

永定区委、区人民政府对《马头溪村志》编纂工作高度重视，将编纂《马头溪村志》作为推动区域经济协调发展、精准扶贫和打造旅游文化名村的基础性工作来抓，在人、财、物等方面给予全力支持，永定区委办将《马头溪村志》的编纂纳入日常事程。感谢张家界市地方志编纂委员会组织专业力量对志稿进行文字统筹和编审指导，感谢湖南省地方志编纂委员会及市县志指导处业务上的有力指导。特别感谢中指办的学术指导。另外，因本书中所选照片及诗词文章众多，部分作品未能在出版前及时联系到著作权人，请著作权人看到后与我们联系，我们将奉上稿酬。未尽事宜，敬请谅解。

编　者

2017 年 9 月 18 日

乡间闲趣